A PRÓXIMA JOGADA

IZES CALHEIROS

A PRÓXIMA JOGADA

Um jogo das nações em que as profecias são as regras

Editora Vida
Rua Conde de Sarzedas, 246 – Liberdade
CEP 01512-070 – São Paulo, SP
Tel.: 0 xx 11 2618 7000
atendimento@editoravida.com.br
www.editoravida.com.br

©2017, Izes Calheiros

Todos os direitos desta obra reservados por Editora Vida.

Proibida a reprodução por quaisquer meios, salvo em breves citações, com indicação da fonte.

Todos os grifos são da autora.

Editor responsável: Marcelo Smargiasse
Editor-assistente: Gisele Romão da Cruz Santiago
Tradução: Lena Aranha
Revisão de tradução: Andrea Filatro
Revisão de provas: Josemar de Souza Pinto
Diagramação: Claudia Fatel Lino
Capa: Arte Peniel

Scripture quotations taken from Bíblia Sagrada, Nova Versão Internacional, NVI ®.
Copyright © 1993, 2000, 2011 Biblica Inc.
Used by permission.
All rights reserved worldwide.
Edição publicada por Editora Vida, salvo indicação em contrário.

Todas as citações bíblicas e de terceiros foram adaptadas segundo o Acordo Ortográfico da Língua Portuguesa, assinado em 1990, em vigor desde janeiro de 2009.

1. edição: jul. 2017

Dados Internacionais de Catalogação na Publicação (CIP)
(Câmara Brasileira do Livro, SP, Brasil)

Calheiros, Izes
    A próxima jogada : um jogo das nações em que as profecias são as regras / Izes Calheiros ; [tradução Lena Aranha]. — São Paulo : Editora Vida, 2017.

    Título original: *The Next Move.*
    ISBN: 978-85-383-0357-2

    1. Apocalipse 2. Bíblia – Profecias 3. Escatologia 4. Fim do mundo I. Título.

17-04834   CDD-220.15

Índices para catálogo sistemático:
1. Profecias bíblicas : Religião   220.15

Esta obra foi composta em *Adobe Garamond Pro*
e impressa por Imprensa da Fé sobre papel
Offset 70 g/m² para Editora Vida.

SUMÁRIO

Prefácio 7
Introdução 9
1. Compreendendo o período de guerras 11
2. Uma classificação das guerras 25
3. As guerras pré-tribulação 29
4. As guerras da tribulação 67
5. Uma guerra na metade do período da tribulação 99
6. As guerras da grande tribulação 113
7. A guerra do fim dos tempos 149
8. As instruções bíblicas para a nação de Israel 157
9. As instruções bíblicas para as nações da terra 165
10. As instruções bíblicas para a Igreja 167
11. A paz mundial está no nosso futuro 171
    Referências bibliográficas 175

PREFÁCIO

Este livro é sobre guerras futuras. Os conflitos aqui descritos não são guerras comuns. Todos eles têm elementos políticos, raciais e espirituais por trás de seus propósitos e ações. A principal força que impulsionará esses conflitos é a mesma — a oposição a Deus e à sua Palavra e oposição à nação e ao povo de Israel. É a força que se opõe a todas as pessoas e coisas chamadas pelo nome de Deus (2Tessalonicenses 2.3,4).

O propósito deste livro é alertar Israel e as nações do mundo sobre esses conflitos iminentes e despertar aqueles que podem orar com o intuito de interceder e compreender como eles precisam se posicionar em relação aos tempos por vir. Todos nós temos de repensar as nossas prioridades e compreender que a resolução e a vitória dessas guerras não virão por intermédio dos nossos partidos políticos, nem por meio dos políticos nos quais confiamos, menos ainda por parte dos presidentes que elegemos, tampouco em razão do dinheiro que doamos para apoiá-los. A solução não virá nem mesmo por intermédio dos exércitos envolvidos no conflito. A vitória será obtida pelo poder gerado por Deus para aqueles que ele recrutará e preparará para essa tarefa. Na realidade, a vitória já foi obtida por Jesus Cristo na cruz. Quando ele disse "Está consumado", incluiu todas as batalhas e guerras que ainda serão travadas no futuro. A vitória, por conseguinte, virá de Jesus Cristo e daqueles que nele acreditam.

Compreendo que muitos ou alguns que lerão este livro podem não acreditar em Jesus Cristo ou na Bíblia. Para estes, sugiro considerar o famoso pensamento de Pascal, filósofo, matemático e físico francês do século XVII. Esse argumento é conhecido como Aposta de Pascal, em que ele apresenta sua apologética e afirma que todos os seres humanos apostam com a vida no tópico referente à existência de Deus. Ele sugere que, uma vez que ninguém pode provar que Deus existe, os seres humanos devem optar por acreditar que ele existe. Pois, caso Deus não exista e eles ainda assim acreditem nele, não perderão nada, exceto alguns prazeres de autogratificação existentes na vida. Assim, no caso de Deus existir, eles receberão um ganho infinito e eterno (a vida eterna no céu); e, no caso de Deus existir e as pessoas escolherem não crer nele, a perda será eterna e infinita (vida no inferno). Dessa forma, é mais seguro escolher crer nessas profecias, "por precaução", caso elas sejam verdadeiras.[1]

---

[1] KREEFT, Peter. **Fundamentals of the Faith:** Essays in Christian Apologetics. Ignatious Press, 1988. E-book, capítulo 6.

INTRODUÇÃO

A paz mundial talvez seja o desejo mais nobre dos homens e mulheres de boa vontade na face da terra. As Nações Unidas parecem ter o objetivo de promover e manter a paz. O Dalai Lama pediu recentemente a paz mundial como o desejo de seu 80º aniversário. No contexto dos concursos de beleza, cada uma das candidatas à coroa de Miss Universo também faz essa mesma declaração. Talvez a paz mundial também seja o seu maior desejo.

Você deveria saber que esse não é só um desejo íntimo existente no coração de cada um de nós. A paz mundial também está no coração de Deus. A paz é a principal razão pela qual Jesus Cristo, o Filho de Deus, veio ao mundo para fazer a paz entre os seres humanos e Deus, e entre o ser humano e seu próximo.

A paz mundial, na realidade, é mais que um desejo do coração de Deus; ela também está no plano do Senhor. Esse plano foi planejado e anunciado nas páginas das Escrituras e está em progresso no mundo todo. As boas-novas são que haverá um período de perfeita paz durante o reinado de Jesus Cristo, o Rei da Paz. Todo o céu e o Universo inteiro, durante o nosso período atual, estão se preparando para esse tempo.

A notícia ruim é que, antes de chegarmos a esse tempo e lugar da paz planejada por Deus, quando esse maravilhoso sonho se tornará realidade, a Bíblia profetiza que ainda haverá guerras entre as nações. Este livro descreverá as últimas e cruciais guerras profetizadas na Bíblia, as quais, por ora, ainda não foram cumpridas.

A intenção desta autora é revelar essas guerras conforme elas são profetizadas na Bíblia a fim de alertar aqueles que anseiam pela paz: as nações do mundo, as instituições de caridade, a sociedade em geral e a igreja. Que você possa se perguntar — e também questionar Deus — sobre como deve se preparar para ter as respostas apropriadas quando essas guerras ocorrerem.

COMPREENDENDO O PERÍODO DE GUERRAS

A fim de compreender a que se assemelhará esse período de guerras, há algumas informações básicas que devemos discutir antes de qualquer outra questão. A seção a seguir apresentará alguns fundamentos: os termos "profecia", "últimos dias", "a tribulação" e "a lei de dupla referência", a forma pela qual esses fundamentos se aplicam à hermenêutica dos textos proféticos, bem como uma orientação geográfica para essas guerras.

O QUE É PROFECIA?

A profecia, em uma explicação sucinta, é a previsão, a instrução ou a exortação divinamente inspiradas e proferidas pelos profetas considerados porta-vozes de Deus. As profecias revelam a graça do Senhor, os alertas e as revelações feitos por Deus concernentes às coisas futuras, dando, desse modo, uma oportunidade para os indivíduos e as nações se arrependerem e repensarem suas ações; Deus nos alerta por intermédio das profecias a fim de nos dar esperança.

A Bíblia é um livro profético, aceito por muitos ao longo dos séculos como a Palavra de Deus. Muitas das profecias ali registradas já foram cumpridas. Por exemplo, as profecias sobre o nascimento de Jesus Cristo foram proferidas séculos antes de ele ter nascido e com detalhes impressionantes sobre onde e como isso aconteceria. O profeta Daniel interpretou um sonho e teve visões sobre os impérios que reinariam na terra durante seu período de vida e também nos séculos subsequentes.

Pedro, um líder fundamental da Igreja cristã primitiva, disse o seguinte sobre a Bíblia:

> *Assim, temos ainda mais firme a palavra dos profetas, e vocês farão bem se a ela prestarem atenção, como a uma candeia que brilha em lugar escuro, até que o dia clareie e a estrela da alva nasça no coração de vocês. Antes de mais nada, saibam que nenhuma profecia da Escritura provém de interpretação pessoal, pois jamais a profecia teve origem na vontade humana, mas homens falaram da parte de Deus, impelidos pelo Espírito Santo* (2Pedro 1.19-21).

Neste livro, explicaremos algumas profecias bíblicas relacionadas às guerras e aos eventos a serem cumpridos no fim dos tempos. Todas elas foram anunciadas por diferentes profetas cuja credibilidade já foi estabelecida pelo cumprimento de outras profecias. Examinaremos algumas profecias bíblicas e tentaremos localizá-las no contexto dos eventos futuros que sobrevirão à terra. Há homens e mulheres igualmente dotados, os profetas de hoje, que serão capazes de entender as profecias desses profetas anteriores e oferecer uma compreensão mais plena desses textos ao trazê-los para mais próximo das pessoas e da época às quais eles se referem (Daniel 12.8-10).

O QUE SIGNIFICA A EXPRESSÃO "ÚLTIMOS DIAS"?

Os temas apocalípticos ou dos "últimos dias" chamam a nossa atenção há muito tempo; há curiosidade sobre o tema não apenas nos círculos religiosos, mas também em filmes de Hollywood, *shows* na televisão, revistas, jornais e mídias sociais. Autores do mundo todo escrevem sobre os últimos dias. Até mesmo as mais diversas religiões do mundo dedicam tempo e atenção ao período futuro denominado últimos dias ou o fim dos tempos.

Embora muitas pessoas argumentem contra a validade ou serventia desse tipo de pensamento "especulativo", chegando até mesmo a afirmar que não acreditam nesse tipo de especulação, todos nós, bem no fundo do coração, sabemos que temos de tratar dessa questão — e se tal fenômeno de fato existir?

Os meus leitores devem ser informados que a principal fonte de pesquisa para este livro é a Bíblia, em especial as profecias relacionadas ao tema aqui discutido — as últimas guerras que a terra vivenciará. Examinemos, portanto, o que a Bíblia afirma sobre os últimos dias ou o fim dos tempos por intermédio das lentes de duas das principais religiões mundiais, as quais consideram esses textos sagrados e divinamente inspirados.

Os últimos dias para os cristãos

Na Bíblia, existem algumas profecias precisas que mencionam os últimos dias. Por exemplo, os profetas Daniel, Isaías e Zacarias, apenas para mencionar alguns deles, viram detalhes específicos sobre esse período em suas visões. Jesus Cristo ensinou sobre isso.

A PRÓXIMA JOGADA

Os apóstolos Paulo, Pedro e João também descreveram o fim dos tempos. Falar sobre o fim dos tempos e ponderar sobre esse período é coerente com o pensamento e ensinamento do cristianismo. Jesus desafiou seus seguidores a ter consciência do fim dos tempos. O livro mais completo nas Escrituras sobre o período dos últimos dias é Apocalipse, que tem sido explicado em detalhes e profundidade cada vez maior por teólogos cristãos. As pessoas sábias, assim como Deus disse a Daniel por volta do século VI a.C., devem ser capazes de decifrar e compreender as Escrituras proféticas nos últimos dias ou no fim dos tempos. A seguir apresentamos algumas das características fundamentais dos últimos dias:

1. Esse período será perigoso; a sociedade apresentará um padrão cada vez mais degradante em relação às questões morais, em especial no que tange à imoralidade sexual; o amor entre as pessoas será raro; as pessoas passarão a amar o ego e o dinheiro; a blasfêmia e desobediência aumentarão no mundo (2Timóteo 3.1-17; Judas 5-7; Mateus 24.12).
2. O evangelho do reino de Cristo será pregado no mundo todo (Mateus 24.14).
3. O ceticismo e a zombaria para com Deus e sua Palavra se disseminarão no mundo (2Pedro 3.3,4).
4 Haverá o retorno dos judeus provenientes do mundo todo e o renascimento do Estado de Israel (conforme ocorrido em 1948) (Deuteronômio 30.1-5).
5. O templo em Jerusalém será reconstruído (Daniel 9.27, Mateus 24.15; 11.1,2).
6. Muitos surgirão afirmando ser o Cristo (1João 2.18; Mateus 24.1-51).

COMPREENDENDO O PERÍODO DE GUERRAS

7. Acontecerá o início dos sinais das "dores de parto" na terra e no céu, como o aumento dos terremotos e dos desastres naturais, das guerras e do levante das nações contra Israel (Mateus 24.7,8).
8. A apostasia, uma grande rebelião contra Deus e qualquer coisa relacionada ao Senhor, se levantará (2Tessalonicenses 2.3,4,7-12).
9. Será desenvolvido um sistema de governo mundial (Daniel 7.23-27).
10. O anticristo surgirá no cenário político global (Daniel 9.27).
11. Um grande reavivamento na Igreja será liderado pelo Espírito Santo (Atos 2.17).
12. Haverá o arrebatamento da Igreja (1Tessalonicenses 1.10; 5.3,9-11; 2Tessalonicenses 1.5-11; 2.6,7; João 5.24; 1Coríntios 15.50-54).
13. Israel sofrerá uma grande perseguição e tribulação (Jeremias 30.7-11; Daniel 9.24-27; 12.1; Mateus 24).
14. O sinal do Filho do homem, Jesus Cristo, aparecerá no céu, e ele retornará à terra (Mateus 24.30,31; Apocalipse 19.11-21).

Esses sinais e eventos, de acordo com as Escrituras, são apenas alguns dos que acontecerão nos últimos dias, e os cristãos do mundo todo creem neles.

Os últimos dias para os judeus[2]

Para os judeus, a expressão "os últimos dias" é usada para o período de tempo conectado ao retorno do povo de Israel à sua terra.

---

[2] As informações apresentadas nesta seção são provenientes de viagens pessoais a Israel, entrevistas com judeus e rabinos e estudos hebraicos. No entanto, recomendo BERNIS, Jonathan. **A Rabbi Looks at the Last Days: Surprising Insights**. Chosen Books, 2013.

O retorno é um evento importantíssimo na cronologia de Israel. Por essa razão, o reconhecimento de Israel como um Estado em 1948 e o retorno dos judeus à sua terra inauguram o início do período dos últimos dias. O objetivo e esperança derradeiros do povo de Israel é fazer a "*Aliyah*", uma palavra que significa o retorno dos judeus a Sião. A emigração atual dos judeus para a terra e o Estado de Israel, a onda "maciça" de *Aliyot* (forma plural), assemelha-se ao êxodo do Egito. Esse é um objetivo não só do governo de Israel, mas também de muitos judeus do mundo inteiro.

O termo *Aliyah* significa "o retorno a Sião", conforme usado por eventos antigos na história judaica, e foi adotado para se referir às emigrações de judeus na época moderna para a terra de Israel e o Estado de Israel. A *Aliyah* moderna começou em meados do século XIX e está conectada com a vinda do Messias.

A lei do retorno (do hebraico *hok ha-shvut*) foi criada em 1950 em memória do Holocausto. Ela permite que todos os judeus façam *Aliyah* para o Estado de Israel e recebam um certificado de *Aliyah*, o que garante de imediato a cidadania israelense àquele que detém esse certificado. A reunião do povo em Israel está profundamente enraizada na identidade de Israel como um Estado judaico. Essas Escrituras são consideradas pelo povo de Israel como promessas de Deus para levá-lo de volta à sua terra; as promessas apresentadas a seguir têm sido confirmadas no êxodo dos tempos modernos:

> "*Eu me deixarei ser encontrado por vocês*", declara o SENHOR, "*e os trarei de volta do cativeiro. Eu os reunirei de todas as nações e de todos os lugares para onde eu os dispersei e os trarei de volta para o lugar de onde os deportei*", diz o SENHOR (Jeremias 29.14).

> "*Quando todas essas bênçãos e maldições que coloquei diante de vocês acontecerem, e elas os atingirem onde quer que o* SENHOR*, o seu Deus, os dispersar entre as nações, e quando vocês e os seus filhos*

voltarem para o SENHOR, *o seu Deus, e lhe obedecerem de todo o coração e de toda a alma, de acordo com tudo o que hoje ordeno a vocês, então o* SENHOR, *o seu Deus, trará restauração a vocês, terá compaixão de vocês e os reunirá novamente de todas as nações por onde os tiver espalhado. Mesmo que tenham sido levados para a terra mais distante debaixo do céu, de lá o* SENHOR, *o seu Deus, os reunirá e os trará de volta. Ele os trará para a terra dos seus antepassados, e vocês tomarão posse dela. Ele fará com que vocês sejam mais prósperos e mais numerosos do que os seus antepassados"* (Deuteronômio 30.1-5).

Naquele dia, o SENHOR *estenderá o braço pela segunda vez para reivindicar o remanescente do seu povo que for deixado na Assíria, no Egito, em Patros, na Etiópia, em Elão, em Sinear, em Hamate e nas ilhas do mar.*
Ele erguerá uma bandeira para as nações
a fim de reunir os exilados de Israel;
ajuntará o povo disperso de Judá
desde os quatro cantos da terra (Isaías 11.11,12).

"Eu as aceitarei como incenso aromático, quando eu os tirar dentre as nações e os ajuntar dentre as terras pelas quais vocês foram espalhados, e me mostrarei santo no meio de vocês à vista das nações. Vocês saberão que eu sou o SENHOR, *quando eu os trouxer para a terra de Israel, a terra que, de mão erguida, jurei dar aos seus antepassados"* (Ezequiel 20.41,42).

A lei do retorno foi criada para facilitar a emigração para todos os judeus que quiserem retornar a Israel, a fim de que possam entrar e se fixar no país sem percalços. O país se prepara ativamente para o retorno em massa ao investir em escolas de idiomas, educação cultural, habitação e criação de empregos. Todo o país espera a vinda do Messias e se prepara para esse evento. Essa é a força propulsora da vida e preparação desses judeus. Visitar Israel e conversar com os envolvidos nessas preparações representa tocar não só um grande movimento vivo de pessoas que acabam de chegar ao país, mas também a organização e preparação de antemão dessa nação para a vinda do Messias.

A reconstrução do templo de Jerusalém é um evento importantíssimo que deve ocorrer nos últimos dias. O planejamento para essa reconstrução já está em progresso. O Instituto do Templo de Jerusalém relata que todo o mobiliário e utensílios para o templo futuro já estão prontos e foram criados de acordo com os registros preservados das Escrituras. Esse mobiliário está em exibição no Instituto do Templo de Jerusalém para todos que queiram vê-lo. Tudo isso faz parte da preparação para a chegada do Messias que, conforme se acredita, está vindo para os últimos dias.

O QUE SIGNIFICA O PERÍODO DA TRIBULAÇÃO E QUANDO ELE ACONTECERÁ?

Sete anos de tribulação para o povo de Israel são previstos pelas Escrituras. Esse período também é chamado de "Tempo das Angústias de Jacó", uma referência à época de sofrimento para os descendentes de Jacó, ou Israel (Jeremias 30.7-11). Esta é a forma pela qual o período é descrito em algumas das Escrituras.

O período em que os gentios pisarão Jerusalém (Lucas 21.24; Apocalipse 11.2); um período de angústia (Daniel 12.1); e a septuagésima semana da profecia de Daniel (sete anos) ainda por vir na cronologia de Israel (Daniel 9.24-27). Será um tempo de tristeza e agonia comparável às dores de parto. A metáfora de uma mulher em trabalho de parto, no Antigo e Novo Testamentos, é usada para se referir a Israel. Em Mateus 24, Cristo alerta seus discípulos sobre o que acontecerá a Israel no fim dos tempos.³

A natureza da disciplina é corrigir um comportamento, mas também vem como uma consequência por um comportamento. A tribulação servirá como penúltima consequência para aqueles que naquela época se recusarem a reconhecer a mão de Deus e o papel do Senhor nesses eventos.

Embora as profecias em geral se refiram à tribulação como um período de disciplina para Israel, esse também será um período em que Deus punirá e julgará as nações ímpias, tanto quanto as nações que se levantarão contra Israel. Será um período de tempo em que elas sofrerão a ira de Deus por causa de seus pecados (Isaías 26.20,21). Será um tempo para Deus lidar com os ímpios, com todos que não creem (CALHEIROS, p. 29).

As Escrituras não fornecem datas específicas, mas o mundo receberá um importante sinal para discernir que este é o tempo. A tribulação, de acordo com as Escrituras, começará com a aparição de um poderosíssimo diplomata, um homem que galgará uma posição respeitável no cenário político mundial. Essa pessoa será o anticristo. As profecias simbólicas do livro de Apocalipse, conforme mencionado anteriormente, representam boa parte da fonte para o fundamento aqui apresentado. Apocalipse revela uma correlação de eventos em um mundo celestial ou espiritual, com ocorrências aqui

---

³ CALHEIROS, Izes. **The Apocalypse Decoded**. Bedford: Burkhart Books, 2015. p. 29. Para mais informações sobre esse período de tribulação, ou se você está interessado no que acontecerá à Igreja nessa época, apresento nesse livro um panorama claro e completo sobre esse período.

na terra. Quando Jesus Cristo abre o primeiro dos sete selos do livro, um cavaleiro recebe uma coroa e parte, como um conquistador, cavalgando um cavalo branco (Apocalipse 6.1,2). Após sua aparição, uma série de calamidades acontecerá na terra. Essa figura política não só ajudará a direcionar essas calamidades, mas também será responsável por ajudar as nações a assinar um tratado de paz com Israel. O mundo todo reconhecerá essa figura como um grande diplomata porque ele conseguirá alcançar a paz mundial. Esse mesmo indivíduo quebrará o pacto de paz após três anos e meio, marcando com isso o início da grande tribulação, o período mais temido e com o maior número de calamidades na face da terra. A grande tribulação durará três anos e meio e terminará com o retorno de Jesus Cristo à terra como o Rei dos reis.

Ainda permanece a questão: quando isso ocorrerá?

As Escrituras fornecem dois sinais para o mundo ficar atento: 1) o arrebatamento da Igreja e 2) a aparição do anticristo. Quando vier o tempo em que milhões de pessoas cristãs desaparecerão de forma repentina da face da terra, o mundo todo deve esperar ver o anticristo ascendendo para cumprir sua missão, e depois todos devem tomar consciência de que o período da tribulação se iniciou.

A GEOGRAFIA DO FIM DOS TEMPOS

O quadro intitulado "A geografia de Apocalipse" foi primeiramente desenvolvido durante o meu trabalho no livro "O Apocalipse decodificado". Apresento-a aqui como uma ferramenta para facilitar uma compreensão mais completa da geografia espiritual que a Bíblia afirma existir. É importante entender esse quadro, porque haverá uma correlação entre os eventos e lugares nessa geografia espiritual e as guerras do fim dos tempos que ocorrerão aqui na terra. A Bíblia,

COMPREENDENDO O PERÍODO DE GUERRAS

conforme você poderá observar, testifica a existência de sete lugares, e o quadro mostra-os em relação à terra onde vivemos.

Existem três céus acima da terra: o primeiro céu, o segundo céu e o terceiro céu. No quadro, explico os sentidos desses céus e cito as Escrituras que se referem a eles e que, em alguns casos, os descrevem. Abaixo da terra, existem três lugares com seus nomes específicos: Hades, o Abismo e o lago de fogo. A fim de facilitar a compreensão pelos leitores, categorizei os em três tipos distintos de inferno: o primeiro inferno, o segundo inferno e o terceiro inferno. Sugiro que todas as referências nesta obra, como também neste quadro, sejam estudadas em detalhes e que você medite sobre elas.

QUADRO 1:
A GEOGRAFIA DE APOCALIPSE

| 3º Céu | Gênesis 24.7; 28.12; Êxodo 20.22; Deuteronômio 4.35,36; 10.14, 26.15; Josué 2.11; 1Reis 8.30-49; 22.19; 2Crônicas 7.14; 20.6; 30.27; 36.23; Salmos 2.4; 8.1; 11.4; 20.6; 102.19; 103.19; 115.3; 123.1; 134.3; Eclesiastes 5.2; Isaías 14.13; Daniel 2.18,28,37; Amós 9.6; Joel 3.16; Mateus 5.16,34; 6.9; 18.10; Marcos 16.19; Lucas 2.14; 10.21; João 14.1-4; Atos 1.2; 7.49; 17.24; Efésios 6.9; Hebreus 9.24; 12.22 | Esse é o lugar onde Deus e seus anjos moram. O trono de Deus fica aqui (Ap 2.6-8). O Paraíso (gr.: *Paradisos*). Paulo visitou esse local (2Co 12.2-5). O bom ladrão foi para esse local após sua morte (Lc 23.43). Fica no alto (Is 6.1). Os anjos carregam os que morrem em Cristo para esse local (Lc 16.22). É chamado de "o seio de Abraão". Há herança para nós no céu: 3.12; 11.19. É o destino final dos santos (2Co 5.1). Elias foi para o céu (2Rs 2.1-11). O nosso nome está escrito no céu (Lc 10.20). A cidadania celeste (Fp 3.20; 2Tm 4.18; Hb 11.16; 12.23; 1Pe 1.4,8). |

A PRÓXIMA JOGADA

2º Céu	Efésios 1.1-3; 6.12	Esse é o "ar" de onde Satanás governa. Esse é o local de onde Satanás trabalha e de onde trava suas guerras. Os demônios ficam livres ali (Mt 12.43-45).
1º Céu	João 17.1; Gênesis 22.17; Isaías 13.10	O céu atmosférico em torno da Terra onde os pássaros voam, o vento sopra, a chuva é formada, e onde vemos as estrelas, a Lua e o Sol. Pertence ao reino da humanidade.
Terra	Gênesis 1.28; 6.6; 9.17; Deuteronômio 4.32; Salmos 115.16; Isaías 45.18; Atos 17.26; Efésios 6.1-3	É a terra atual. A habitação da humanidade.
1º Inferno Hades (gr.) Sheol (heb.)	Mateus 11.23; 16.18; 23.33; Ezequiel 32.17-32; 26.19,20; 31.14-18; Lucas 16.23; 10.15	É o local onde fica a alma dos mortos não salvos até a segunda ressurreição e julgamento final. É o inferno atual. Provavelmente se localiza nas partes mais baixas da terra (Mt 12.39,40; Ef 4.8-10; Sl 63.9; Nm 16.31-34; At 2.27,31; 1Co 15.55; 1.18; 6.8; 20.13,14). É o primeiro inferno.
2º Inferno O Abismo *Abussos* (gr.)	2Pedro 2.4,11; Lucas 8.30-32; Judas 1.6,13; Apocalipse 9.1-21; 11.7; 17.8	A prisão dos anjos caídos e espíritos malignos. É o inferno mais profundo. Os demônios serão libertos daqui para a grande tribulação. Este é o segundo céu. O reino do Abismo é *Apollion* (gr.), *Avallon* (heb.). O anticristo será um convidado ali por algum tempo (Ap 11.7; 17.8). Satanás será aprisionado ali por mil anos (Ap 20.1-3). É o poço do Abismo (Ap 9.1). Pode ficar sob as águas, nas profundezas (Gn 1.2, Sl 135.6).

3º Inferno Lago de fogo	Apocalipse 2.11; 14.9-11; 20.10-15; 21.8; Mateus 5.22; 10.28; 25.45,46; Lucas 12.5	É o inferno eterno e derradeiro; *Geena* — o terceiro inferno (Mt 20.5,14). É a punição final; a segunda morte. É o destino final de Satanás, do anticristo e do falso profeta, de todos os demônios, do Hades e da morte, e também de todos os perversos. Ninguém jamais pode sair de lá (Ap 14.9-11; 20.10). Está vazio neste momento.

A LEI DA DUPLA REFERÊNCIA NAS ESCRITURAS

Há algum debate entre os teólogos sobre uma lei ou princípio conhecido como "dupla referência" na interpretação das profecias apresentadas nas Escrituras. Muitos teólogos renomados concordam que há um aspecto ou natureza recorrente no mundo das profecias que tem de ser observado e levado em consideração quando tentamos entender as Escrituras proféticas. Essa lei também é chamada de "o princípio do duplo cumprimento". Há muitas definições dessa lei, e muitos livros a descrevem. Para o propósito deste livro, escolhi uma definição apresentada por J. Edwin Hartell:

> [...] *a peculiaridade dos escritos do Espírito Santo, em que uma passagem que se aplica basicamente a uma pessoa ou evento próximo é usada por ele para que se aplique a Cristo ou aos assuntos de seu reino.*[4]

---

[4] HARTELL, J. Edwin. **Biblical Hermeneutics**. Grand Rapids: Zondervan Publishing House, 1947. p. 10. Citado por David Jeremiah em seu artigo "The Principle of Double Fulfillment in Interpreting Prophecy", **Grace Journal**, 15. <http://biblicalstudies.org.uk/pdf/grace-journal>.

Na prática, a profecia pode ser dada por Deus com um duplo cumprimento na História. O primeiro cumprimento pode acontecer em um tempo próximo, perto dos dias do profeta que fez a profecia. Esse primeiro cumprimento quase certamente fornece um tipo ou figura de alguém ou algum evento que acontecerá no futuro, quando a profecia alcançará seu cumprimento total ou mais completo. A fim de apresentar um exemplo, mas também por causa da relevância do tópico tratado aqui, reproduzo alguns exemplos de dupla referência que apresentei em meu livro "O Apocalipse decodificado". Conforme escrevi ali,

> Elas demonstram as mesmas características e atitudes daquela pessoa ou lugar que apareceu em primeiro lugar na História. Elas carregam a continuidade daquele mesmo "sentido espiritual" (CALHEIROS, p. 7):

- *Jerusalém* — Apocalipse faz referência a quatro Jerusaléns: a capital de Israel, a Jerusalém da tribulação, a Jerusalém milenar e a Jerusalém celestial.
- *Babilônia* — há cinco Babilônias: a primeira de Ninrode, que construiu Babel, o filho de Cam e neto de Noé (Gênesis 10.8-10); a segunda, de Nabucodonosor; a terceira, localizada geograficamente no Iraque da atualidade; a quarta, do fim dos tempos; e a quinta, a Babilônia espiritual.
- *Sodoma* — a primeira, de Ló; a segunda é Jerusalém, chamada Sodoma espiritualmente (Gênesis 19.1; 11.8).
- *Egito* — o primeiro, do faraó; o segundo, espiritualmente também se refere a Jerusalém.
- *Gogue e Magogue* — o primeiro, Magogue, filho de Jafé e neto de Noé; o segundo, Gogue, o líder de Ezequiel 38 e 39; o terceiro, mencionado como parte da guerra final citada em Apocalipse 20.

2

UMA CLASSIFICAÇÃO DAS GUERRAS

P ara nosso estudo, classifiquei as guerras do fim dos tempos em quatro categorias: as guerras pré-tribulação, as guerras da tribulação, as guerras da grande tribulação e a guerra do fim dos tempos. Também incluí um tipo incomum de guerra, uma guerra no céu, especificamente mencionada nas profecias do livro de Apocalipse e que acontecerá na metade do período de tribulação. Explicarei essa guerra em detalhes no Capítulo 5.

É importante esclarecer que este livro não se fundamenta nas "novas teologias" emergentes. Essa vertente parte do que é anunciado e relatado na mídia para, a seguir, tentar encontrar uma correspondência nas Escrituras. Esse tipo de teologia é ruim. Pode ser muito enganosa. Até mesmo teólogos sérios se enganaram no passado por tentarem ler algo nos eventos e sinais correntes, em vez de seguir as Escrituras.

O que este livro tentará fazer é apenas explicar as profecias bíblicas e organizá-las em uma linha do tempo dos eventos futuros de acordo com os escritos bíblicos, não com as notícias de jornal ou televisão. Se acontecer de algumas notícias se assemelharem aos eventos descritos nas profecias, então pode ser que alguns elementos dessas profecias estejam se desvelando diante dos nossos olhos, mas a nossa autoridade final em qualquer conclusão que possamos tirar tem de ser coerente com a Bíblia.

Criei um quadro para demonstrar quatro categorias de guerras em uma sequência de tempo sugerida na qual elas acontecerão. Inclui uma guerra única no céu, a qual as Escrituras localizam no fim dos tempos. É interessante notar que todas as guerras profetizadas na Bíblia e ainda por acontecer no fim dos tempos envolvem Israel. Às vezes, um grupo de nações se levantará contra Israel; outras vezes, todas as nações da terra farão isso. Essa informação por si só é extraordinária!

UMA CLASSIFICAÇÃO DAS GUERRAS

QUADRO 2: O QUADRO DAS GUERRAS: GUERRAS PROFETIZADAS CUJA PROFECIA AINDA NÃO FOI CUMPRIDA

Antes do início da tribulação	Guerras da tribulação		A guerra final — Gogue e Magogue (Ap 20.7,9)
	O segundo selo, guerras mundiais (Ap 6.3,4)	A guerra na metade da tribulação	

Antes do início da tribulação	O segundo selo, guerras mundiais (Ap 6.3,4)	A guerra na metade da tribulação	A guerra final — Gogue e Magogue (Ap 20.7,9)
O conflito de Damasco (Is 17.1-9; Jr 49.23-27) Armas poderosas destruirão Damasco e a reduzirão a um monte de ruínas. Israel se enfraquecerá. Outras nações ou grupos de nações poderão tentar controlar a Síria; elas poderão atacar Israel, o que resultará no fim de Damasco. A coalizão das nações vizinhas (Sl 83.1-11) Lista das nações – as tendas de Edom: palestinos e turcos; os ismaelitas: os povos do Oriente Médio e norte da África; Moabe e os hagarenos (descendentes de Hagar): outras nações árabes; Biblos: Jubal moderna, no Líbano; os filhos de Ló: Moabe e Amom, atualmente na Jordânia; Amaleque: palestinos; Filistia com o povo de Tiro: Gaza; a Tiro da Antiguidade era a grande cidade do sudeste do Líbano na costa mediterrânea; Assíria: geograficamente, a Assíria é o norte do Iraque. Propósito da coalizão: destruir Israel.	Quando: Na primeira metade da tribulação (Ap 6.3,4). Onde: em toda a terra. Muitas pessoas morrerão. A invasão das nações do círculo exterior (Ez 38—39) Quando: provavelmente no início da tribulação, após o tratado de paz; quando Israel estará "vive[ndo] em segurança" (38.8,11). Magogue era neto de Noé (Gn 10.2). Eram guerreiros habilidosos da Europa e norte da Ásia (Ez 38.2). Gogue é líder de um grande exército que atacará Israel: Gogue da terra de Magogue; o príncipe de Meseque e Tubal (Rússia); Pérsia (Irã); Cuxe (Etiópia); Pute (Líbia); Gômer (Alemanha); Bete-Togarma (Turquia) (38.2,3). Serão derrotados por Deus nas montanhas de Israel e serão necessários sete meses para enterrar os mortos (39.11,12). Características: exércitos virão do Norte; será uma coalizão das nações. Satanás não é mencionado nessa guerra. A coalizão de sete pastores para a defesa de Israel (Mq 5.2-6) (Alegoria) pastores = nações; sete nações ajudarão Israel durante a tribulação (Ez 32—33; Jr 23.1-4). Provavelmente acontecerá durante a segunda metade da tribulação. Possível cenário: Israel estará angustiada, em "trabalho de parto". As nações envolvidas: Assíria (Babilônia + Assíria): Iraque dos dias atuais (parte das dez nações que apoiarão o anticristo). Quando se levantarem contra Israel, Deus levantará sete nações para proteger Israel e afastar o anticristo. Nessa época, o anticristo terá domínio sobre Israel e porá sua imagem no templo. Então, por ele teria de reconquistá-la e chamar outras nações para ajudá-lo? Isso acontecerá porque ele provavelmente será forçado a deixar Israel durante a grande tribulação por causa da proteção dos sete pastores. A quinta taça trará trevas ao reino do anticristo. Esse pode ser o momento em que ele é atacado pelas sete nações e expulso de Israel (Ap 16.8).	A guerra no céu (Ap 12) O exército do arcanjo Miguel luta contra o exército de Satanás. A batalha do Armagedom (Ap 16.12-16; 19.11-21; Mt 24.27-31; Zc 8.7; 12.2-9; 14.1-19; Jl 2—3) Quando: na segunda vinda de Cristo e no fim da grande tribulação, pré-milênio. A sexta taça faz secar o rio Eufrates para preparar o caminho para os reis do Oriente (16.12). Três espíritos semelhantes a rãs da trindade ímpia reunirão os reis da terra para a batalha (Ap 16.13,14) no Armagedom (16). Onde: no vale de Josafá de Megido. Um grande terremoto dividirá a cidade de Jerusalém em três. As cidades da nação desmoronarão; ilhas desaparecerão; praga de granizo com pedras com cerca de 35 quilos (Ap 16.16-21). As posses de Jerusalém serão pilhadas (Zc 14.1). A cidade será capturada; as casas, saqueadas; as mulheres, violentadas; metade da cidade vai para o exílio (Zc 14.2b), e a outra metade ficará. Todas as nações lutarão contra Jerusalém (Zc 14.2a; 14.4). Jesus tocará o monte das Oliveiras com seus pés, e o monte se dividirá para formar um vale de escape. Os judeus fugirão por esse vale (Ap 14.4,5); Cristo protegerá esse vale (Ap 12.5,6) e destruirá os inimigos com sua espada (Ap 19.11-16) e com o sopro de sua boca (2Ts 2.8); ele combaterá as nações (Zc 14.3); uma praga assolará as nações; haverá grande pânico (Zc 14.12-15).	Quando: após o reino milenar de Cristo; Gogue e Magogue, aqui, são uma referência a todas as nações da terra. Fogo virá do céu (Ap 20.7,8). A mesma rebelião e antagonismo em relação a Deus como em Ezequiel 38—39. Esse será o ataque final do fim dos tempos contra Jerusalém e Cristo; tudo e todos serão destruídos (20.8-10). Características: Essa batalha envolverá todas as nações; exércitos virão de todas as direções (a extensão da terra). Satanás é mencionado como aquele que se reunirá para a batalha no fim do milênio, após ser liberto do Abismo por um breve período (20.7). Nenhum sepultamento é mencionado. O julgamento feito do trono branco se segue a tudo isso (20.11-15), e o céu e a terra como os conhecemos serão destruídos (21.1). Em Apocalipse 20, Israel é fiel a Deus por mil anos (20.7-10). A diferença entre as duas batalhas de Gogue e Magogue A primeira (Ez 38—39): Deus destruirá os inimigos de Israel sobre as montanhas de Israel. Serão necessários sete meses para enterrar os mortos (39.11,12). Os exércitos virão de algumas poucas nações, e Satanás não é mencionado. A segunda (Ap 20.7-9): as nações são reunidas por Satanás; Deus enviará fogo do céu e destruirá os exércitos instantaneamente. Quando: após o milênio.

27

3

AS GUERRAS PRÉ-TRIBULAÇÃO

A s guerras que se ajustam a essa categoria não têm um período especificado na Bíblia. Há indícios dados pelos textos proféticos que podem nos ajudar a concluir que essas guerras devem acontecer antes do período denominado de tribulação ou bem no início desse período. Essas guerras são conhecidas como o Conflito de Damasco e a Coalizão das Nações Circunvizinhas.

O CONFLITO EM DAMASCO (ISAÍAS 17.1-9; JEREMIAS 49.23-27)

Damasco é a capital da Síria, no Oriente Médio. Enquanto escrevo este livro, Damasco tem uma população de 1,7 milhão de pessoas e de 4,8 milhões na área metropolitana.[1] Essa cidade está em meio a uma guerra civil. A Síria está no centro de uma

---

[1] Pesquisa na internet, "Damascus" (dados do censo de 2012). Consulta em: 15/9/2015. <www.asianhistory.about.com> e <www.nationsonline.org>.

enorme crise, tendo de lidar com o terrorismo do Estado Islâmico, pessoas abandonando o país e procurando refúgio na Europa, e a parceria com a Rússia. Sabemos por nosso estudo de história que Damasco é uma cidade da Antiguidade que nunca foi totalmente destruída.

As profecias

Isaías e Jeremias, dois dos maiores profetas do Antigo Testamento, anunciaram essa guerra, a qual, até o momento, ainda não aconteceu. Devemos prestar muita atenção nessas profecias, uma vez que esses profetas são muito conhecidos e respeitados, e seus prenúncios foram cumpridos ao longo da História.

A profecia de Isaías

Examinemos a profecia de Isaías. Isaías 17.1-9 descreve um julgamento de Deus sobre a cidade de Damasco, na nação da Síria. Isaías 17 faz parte da profecia proferida contra Damasco. Transcrevo os versículos 1-3 a seguir:

> *Advertência contra Damasco:*
> *Damasco deixará de ser cidade;*
> *vai se tornar um monte de ruínas.*
> *Suas cidades serão abandonadas;*
> *serão entregues aos rebanhos*
> *que ali se deitarão,*
> *e ninguém os espantará.*
> *Efraim deixará de ser uma fortaleza,*
> *e Damasco uma realeza;*
> *o remanescente de Arã será*
> *como a glória dos israelitas,*
> *anuncia o* S<small>ENHOR</small> *dos Exércitos.*

Antes de discutirmos essa profecia, é necessário esclarecer alguns pontos para que ela possa ser totalmente compreendida:

1. Há um debate muito conhecido entre teólogos e historiadores sobre se essa profecia já foi ou não cumprida. A História nos conta que Damasco foi atacada muitas vezes, mas essa profecia específica não apenas diz que Damasco será atacada, mas afirma que a cidade será totalmente destruída a ponto de deixar de ser uma cidade, transformando-se em ruínas. O texto descreve a total devastação que transformará Damasco de uma cidade na qual seres humanos viveram por milênios em terra deserta habitada por rebanhos de animais. Apesar do debate sobre o cumprimento dessa profecia, fica claro que Damasco é ainda uma cidade hoje em dia e jamais foi destruída a ponto de se tornar um monte de ruínas ou um lugar para animais, conforme descreve a profecia de Isaías. Isso deve ser suficiente para mostrar que há destruição ainda por vir para cumprir o que Deus falou por intermédio de Isaías.

2. O versículo 2 leva-nos à segunda pergunta: quais são as cidades, ou "cidades de Aroer" (*Almeida Revisa e Atualizada*, *Almeida Revista e Corrigida*), mencionadas no versículo 2, e onde elas se localizam? Creio que haja uma explicação bíblica. Em Deuteronômio 2.23-26, aprendemos que Aroer era uma cidade localizada junto ao ribeiro de Arnom. Fazia parte da terra dos amorreus, sob o comando do rei Seom, conquistada por Moisés. Quando a terra foi distribuída entre as tribos de Israel, Rúben e Gade receberam-na como parte de sua porção. Mais tarde, Hazael de Arã-Damasco conquistou Aroer. Hazael era

rei de um império que governava partes da Síria e Palestina.² O texto a seguir de 2Reis 10.32,33 revela que houve um tempo em que Deus diminuiu o território de Israel, dando a região de Gade, Rúben e Manassés para Hazael: "Naqueles dias, o Senhor começou a reduzir o tamanho de Israel. O rei Hazael conquistou todo o território israelita a leste do Jordão, incluindo toda a terra de Gileade. Conquistou desde Aroer, junto à garganta do Arnom, até Basã, passando por Gileade, terras das tribos de Gade, de Rúben e de Manassés". Arã-Damasco foi um Estado arameu em torno de Damasco, na Síria, do final do século XII a.C. até 732 a.C.³ É bastante interessante observar que Isaías proferiu a profecia de Damasco por volta do ano 732 a.C. Portanto, nessa época, Aroer era considerada parte da Síria. Assim, é razoável concluir que Aroer é apenas outro nome para se referir à região que pertencia à Síria.

3. O último ponto de esclarecimento é sobre a forma literária da profecia dada por Isaías. Esse profeta apresentou parte de seus oráculos em forma de poesia. A fim de nos ajudar a compreender a profecia, precisamos cobrir algumas características da poesia hebraica. Há um tipo de poesia hebraica que rima pensamentos, em vez de palavras ou sons das palavras, como acontece na rima do português. Nessa forma, um versículo repete o pensamento e o sentido do versículo anterior. A repetição de pensamentos busca enfatizar a ideia ou tema da poesia.

---

[2] Freedman, David Noel; Myers, Allen C. **Eerdmans Dictionary of the Bible**. Amsterdam University Press, 2000, p. 84.

[3] Pitard, Wayne T. Arameans, **Eerdmans Dictionary of the Bible**, ed. David Noel Freedman, Allen C. Myers, Astrid B. Neck. Wm. B. Eerdmans Publishing Co., 2006. p. 86.

A primeira estrofe de Isaías 17, incluindo os versículos 1-3, parece seguir o padrão poético. À medida que olhamos em retrospectiva por intermédio da profecia, incluo comentários para apresentar essa ideia da repetição do pensamento:

Damasco deixará de ser cidade;
vai se tornar um monte de ruínas.

Aqui, o primeiro pensamento é: *o que era* Damasco *não será mais* cidade, *mas, em vez de cidade, será* um monte de ruínas.

Suas cidades serão abandonadas;
serão entregues aos rebanhos
que ali se deitarão,
e ninguém os espantará.

E a segunda rima de pensamento é: *aquilo que eram as cidades* [de Aroer; *Almeida Revista e Atualizada*; Almeida Revista e Corrigida; parte de Damasco ou perto dali] será abandonado (*não será mais habitado*), *mas, em vez disso, será* entregue aos rebanhos (os seres humanos não mais habitarão ali).

Efraim deixará de ser uma fortaleza,
e Damasco uma realeza;
o remanescente de Arã será
como a glória dos israelitas,
anuncia o SENHOR dos Exércitos.

A cidade fortificada de Damasco é comparada aqui com Efraim (Israel) e, a seguir, a passagem descreve de imediato onde o poder real de Damasco estava, mas a profecia declara que o poder perderá sua glória. Assim, a terceira rima é: *aquilo que era* uma fortaleza *deixará de ser* uma realeza, *mas, em vez disso, será* como Israel (sem sua glória).

Observe agora como os três versículos da profecia reforçam o mesmo sentido do julgamento de Deus contra Damasco. Note que os três versículos dizem a mesma coisa e enfatizam os mesmos pensamentos. Mais uma vez, a destruição como aquela descrita em Isaías ainda não aconteceu em Damasco até o momento.

Essa profecia deixa claro que, no momento da destruição total de Damasco, não haverá nenhum poder régio liderando a cidade, pois os poderes também desaparecerão. Isso pode ser um indício de que esse líder virá de uma família nobre. Contudo, sua glória desaparecerá assim mesmo, sugerindo que todo poder ou posição, será perdido.

A profecia não diz quando esse evento ocorrerá. No entanto, muitos eventos, como os recentes ataques terroristas na região do Estado Islâmico, podem levar à queda do atual ditador e à destruição de Damasco. Será o Estado Islâmico o poder que causará a destruição de Damasco? Embora não encontremos nenhuma referência direta ao Estado Islâmico nas profecias bíblicas, as referências existentes não o excluiriam desse cumprimento profético. Como assim? Esse grupo terrorista, de acordo com os achados dos jornalistas citados a seguir, foi fundado por nações mencionadas nas profecias bíblicas. Há um motivo e um objetivo compartilhado para essas nações se reunirem — varrer Israel da face da terra. Observe as nações referenciadas pelos seguintes jornalistas:[4]

Martin Chulov, correspondente do jornal inglês *The Guardian* no Oriente Médio, escreveu em 16 de junho de 2014:

> *Desde o fim de 2011, indivíduos ricos e instituições de caridade islâmicas estão financiando grupos insurgentes na Síria. À medida*

---

[4] Veja também ROGIN, John. America's Allies are funding ISIS, **The Daily Beast**, 14 de junho de 2014. <www.yahoo.com/news>.

AS GUERRAS PRÉ-TRIBULAÇÃO

que cresce o papel dos grupos islâmicos do Jabhat al-Nusra e do Estado Islâmico ou ligados a esses grupos, muitas dessas doações fornecem de forma direta ou indireta o dinheiro que alcança as organizações jihadistas. De acordo com uma política de instruções pelo Brookings Doha Center no mês passado, muito do levantamento de fundos particulares ou fundamentados na caridade para a insurgência na Síria foca áreas específicas do país, a maioria das quais envolvem jihadistas. Até o final do ano passado, era possível encontrar os detalhes dos depósitos internacionais para as doações. Isso agora foi substituído pelas informações por contato via celular e contas WhatsApp usadas para coordenar as doações e algumas vezes até endereços físicos de rua de onde o dinheiro é recolhido.

O Estado Islâmico (ISIS) tem assegurado um maciço fluxo de caixa dos campos de petróleo do leste da Síria, os quais ele confiscou no final de 2012, parte dos quais vendeu para o próprio regime sírio. Eles também levantam dinheiro por intermédio do contrabando do material pilhado na Síria, bem como antiguidades inestimáveis dos sítios arqueológicos. Uma autoridade da inteligência disse ao Guardian que o Estado Islâmico (ISIS) conseguiu $36m [36 milhões de dólares] de al-Nabuk, uma área nas montanhas Qalamoun, a oeste de Damasco, incluindo antiguidades que chegam a ter até 8 mil anos de idade.

Barras de computador encontradas com um mensageiro do Estado Islâmico pelas forças iraquianas antes da queda da cidade de Mosul, no norte, revelaram que o Estado Islâmico — antes da queda dessa cidade — tinha dinheiro vivo e recursos que chegavam a £516 mil; ou 875 milhões de dólares. Após a queda de Mosul, o Estado Islâmico pilhou os bancos e aprendeu suprimentos militares que inflaram os cofres do grupo com cerca de 2 bilhões de dólares, de acordo com os oficiais iraquianos. Os doadores do golfo apoiam o Estado Islâmico por causa de sua solidariedade com os sunitas na Síria, quando o *presidente Bashir al-Assad usou seu poderio militar para esmagar a oposição a seu governo.*

Scott Bronstein e Drew Griffin escreveram para Investigações CNN em 7 de outubro de 2014:

O ISIS [Estado Islâmico], diz Levitt, é financiado de uma forma que nenhum outro terrorista tradicional do passado jamais foi. Além dos ganhos com contrabando de petróleo, o grupo recebe dinheiro por intermédio de doações de simpatizantes ricos em países como Qatar e Kuwait. O grupo, no entanto, tem outro método de se financiar: por intermédio do crime organizado nos territórios conquistados e agora controlados por eles. Esse grupo, diz Levitt, nasceu entre pessoas desonestas e criminosas na nação destruída do Iraque, e um empreendimento criminoso está na raiz do ISIS. "Não devemos nos surpreender", diz Levitt. "Lembrem-se, o Estado Islâmico chamado ISIS é o que costumava ser chamado de Estado Islâmico do Iraque, e a Al-Qaeda no Iraque, a rede Tawhid, a rede Zarqawi; é tudo a mesma coisa. E eles eram financiados basicamente por intermédio da atividade criminal interna, dentro das fronteiras do Iraque".

Lembre-se de que qualquer exame dos eventos atuais tem de ser feito de acordo com o critério das Escrituras sobre o que realmente é uma profecia. Voltaremos agora à profecia de Jeremias para lançar mais luz sobre o destino de Damasco.

A profecia de Jeremias

Essa profecia se fundamenta em 49.23-27. O contexto são os capítulos 48 a 51, nos quais cidades e países são julgados por Deus por causa de sua ira e violência contra a nação de Israel. Damasco na Síria é uma delas. Conforme mencionado na profecia de Isaías, Ará-Damasco era um Estado arameu em torno de Damasco da Síria, do final do século XII a.C. até 732 a.c.⁵ Assim, examinemos o que Jeremias registrou:

> *Acerca de Damasco:*
> *"Hamate e Arpade estão atônitas,*
>   *pois ouviram más notícias.*
> *Estão desencorajadas,*
>   *perturbadas como o mar agitado.*
> *Damasco tornou-se frágil,*
> *ela se virou para fugir,*
> *e o pânico tomou conta dela;*
> *angústia e dor dela se apoderaram,*
> *dor como a de uma mulher*
>   *em trabalho de parto.*
> *Como está abandonada*
>   *a cidade famosa,*
>   *a cidade da alegria!*
> *Por isso, os seus jovens*
>   *cairão nas ruas*
> *e todos os seus guerreiros*
>   *se calarão naquele dia",*
> *declara o SENHOR dos Exércitos.*
> *"Porei fogo nas muralhas de Damasco,*
>   *que consumirá as fortalezas*
>   *de Ben-Hadade".*

O foco dessa profecia também é a cidade de Damasco. Os lugares mencionados no versículo 23, Hamate e Arpade, são cidades

---

[5] PITARD, Wayne T. Arameans, **Eerdmans Dictionary of the Bible**, ed. David Noel Freedman, Allen C. Myers, Astrid B. Neck. Wm. B. Eerdmans Publishing Co., 2006. p. 86.

vizinhas de Damasco. As duas cidades fazem parte da Síria e são mencionadas várias vezes na Bíblia. A profecia afirma que as duas cidades ouvirão sobre Damasco notícias aterradoras que as deixarão perturbadas. Ficarão tão amedrontadas e desencorajadas que são comparadas a uma tempestade marinha: serão abaladas e agitadas e não terão paz. Damasco, a seguir, é comparada no versículo 24 a uma mulher em trabalho de parto, marcada pela angústia e dor. Ela ficará fragilizada, o que significa que não mais terá poder para resistir. A população entrará em pânico e fugirá da cidade, provavelmente quando ouvir que o inimigo se aproxima. Um grande exílio acontecerá, provavelmente para as nações vizinhas. No versículo 25, o profeta exclama, espantado: "Como está abandonada a cidade famosa, a cidade da alegria!". O julgamento é a resposta esperada. Lembre-se de que essa profecia acontece no contexto das predições do julgamento de Deus sobre as nações.

O Senhor punirá Damasco, a principal cidade da Síria, por seus pecados. No versículo 26, apresentam-se os detalhes do julgamento: "Por isso, os seus jovens cairão nas ruas e todos os seus guerreiros se calarão naquele dia". Jeremias registra a declaração de Deus da punição de Damasco: "Porei fogo nas muralhas de Damasco, que consumirá as fortalezas de Ben-Hadade" (v. 27). Ben-Hadade é uma referência aos reis da Síria, vários descendentes de Ben-Hadade.

A profecia de Jeremias complementa a profecia de Isaías, apresentando alguns detalhes adicionais do que acontecerá à população de Damasco, como as cidades e nações vizinhas verão esse evento e como a cidade será destruída. Esses detalhes são importantes para uma consideração do momento do evento e em preparação para uma ocorrência desse tipo.

Conforme mencionado anteriormente, não tentaremos ler as notícias atuais nas Escrituras, mas, sim, ler as Escrituras e perguntar se o que acontece atualmente no mundo está alinhado com o que as profecias revelam. Em anos recentes, algumas das profecias anunciadas por Jeremias se cumpriram na Síria, como o exílio de parte da população fugindo para os países vizinhos por causa da guerra civil no país. Vimos a destruição da Síria. Contudo, há outros dois elementos importantes dessa profecia que ainda não foram cumpridos: a remoção da liderança real e a destruição total e completa de Damasco a ponto de a cidade ficar abandonada.

O que acontece no momento na Síria pode ser um indício de que essas profecias já estão em desenvolvimento. No entanto, ainda temos de esperar para ver seu cumprimento total. A Bíblia declara que, se a Palavra profética se origina no Senhor, então ela se cumprirá.

PERCEPÇÕES SOBRE AS GUERRAS

As nações envolvidas na guerra
Considerando as profecias, não fica muito claro quais países farão parte desse evento. O único indício que temos é o do versículo 4 de Isaías 17, que afirma: "Naquele dia a glória de Jacó se definhará, e a gordura do seu corpo se consumirá". Parece que Isaías diz que, no mesmo dia em que Damasco será destruída, a glória de Israel (referida aqui como Jacó) também se desvanecerá. Parece também haver uma possibilidade aqui de que Israel seja envolvido de alguma forma nessa guerra, com consequências para a nação. Isaías menciona que "a gordura" do país será dissipada. A conclusão é que, se Israel fizer parte dessa guerra, quer iniciando o conflito quer respondendo à provocação da Síria, haverá consequências para a nação. A glória da nação de Israel será seriamente afetada como resultado de um envolvimento na guerra.

Jeremias acrescenta algo importante sobre como a cidade de Damasco será destruída. O elemento de destruição é descrito como "fogo nas muralhas de Damasco, que consumirá as fortalezas" e o sistema de defesa da cidade. O fogo será iniciado por Deus, e o sentido é que Deus permitirá que armas de fogo derrotem o sistema de defesa de Damasco. A menção do fogo causando total devastação da cidade sugere que armas poderosas de destruição, talvez bombas ou até mesmo uma bomba nuclear, serão utilizadas.

O propósito da guerra
As profecias não mencionam se há razões políticas para essa guerra. Jeremias fala apenas em Deus punindo Damasco por seus pecados. Podemos ler sobre algumas razões para a punição de Deus nos escritos de Amós:

> *Assim diz o S*ENHOR*:*
> *"Por três transgressões de Damasco*
> *   e ainda mais por quatro,*
> *não anularei o castigo.*
> *   Porque trilhou Gileade*
> *   com trilhos de ferro pontudos,*
> *porei fogo na casa de Hazael,*
> *   e as chamas consumirão*
> *   as fortalezas de Ben-Hadade.*
> *Derrubarei a porta de Damasco;*
> *   destruirei o rei que está*
> *   no vale de Áven*
> *e aquele que segura o cetro*
> *   em Bete-Éden.*
> *O povo da Síria*
> *   irá para o exílio em Quir",*
> *diz o S*ENHOR (Amós 1.3-5).

A maioria dos intérpretes das Escrituras concorda que essa profecia de Amós já foi cumprida na História, mas quero salientar as razões para a punição da cidade de Damasco descritas aqui. Essa cidade é mencionada nesse texto como principal cidade da Síria. Deus descreve por que a Síria tinha de ser julgada; ela se levantara com violência contra o povo de Israel. Essa profecia, por sinal, encontra-se no livro de Amós em meio a outras profecias do julgamento contra as nações vizinhas de Israel, pelo que cada uma delas fez contra Israel. Deus tem um registro das ações das nações em relação a Israel, pois ele prometeu ser o Juiz delas.

É importante observar que há fortes implicações espirituais nesses padrões de julgamento: 1) Deus é soberano sobre todas as nações. 2) Deus julgará as nações por seus pecados e também pela forma que lidaram com a nação de Israel. Jesus Cristo reiterou a relevância da forma com que alguém trata Israel quando disse aos discípulos que esse seria o critério pelo qual as nações seriam julgadas no fim dos tempos (Mateus 25.31-46). 3) Deus consumirá as fortalezas que Damasco procurará para se proteger. Isso também pode ter uma relevância espiritual, de que fortalezas espirituais (falsos deuses e ídolos) nos quais a Síria confiou serão derrotados naquele dia. A Bíblia revela que Deus lutou contra o Egito e trouxe julgamento sobre seus deuses durante o tempo do êxodo com a finalidade de libertar seu povo (Êxodo 12.12,13).

Estratégia de guerra

No que diz respeito à estratégia dessa guerra contra Damasco, poucos detalhes são mencionados. Na visão de Isaías, podemos deduzir que as armas usadas serão tão poderosas que reduzirão a cidade a ruínas. As cidades e os povos vizinhos ficarão perturbados e temerão por causa das notícias sobre a destruição de Damasco. Os soldados serão silenciados. Nessa visão, Jeremias viu fogo enviado por Deus. Poderia ser uma referência a armas nucleares?

Consequências da guerra
Há mais detalhes sobre os resultados e consequências dessa guerra que sobre sua estratégia: a cidade será reduzida a um monte de ruínas; não haverá mais população humana; as pessoas fugirão em pânico da cidade; os jovens e os soldados morrerão nas ruas; os líderes cairão; o desespero e o medo acometerão até mesmo as cidades vizinhas; e Damasco, depois da guerra, não mais existirá.

COMO SE PREPARAR PARA ESSA GUERRA

Essa não é uma questão fácil de ser respondida, porque essas são profecias de julgamento. Elas significam que as nações envolvidas, por causa de seus pecados contra o Senhor e Israel, já foram julgadas e sentenciadas por Deus e deixarão de existir. A palavra de Deus será cumprida. Em razão do caráter profético dessas mensagens, é difícil até mesmo saber como orar sobre os eventos preditos. É necessário confiar em Deus e depender da misericórdia de Deus para lidar com esses casos.

Uma vez que se trata de uma punição vinda de Deus, nada pode ser feito para evitá-la. Esse evento certamente ocorrerá. Acredito de fato que há algo que possa ser feito para diminuir as consequências dessa guerra na vida das pessoas das nações envolvidas. Compartilharei os meus próprios pensamentos sobre o assunto, tratando de quatro entidades e de coisas que creio podem ser feitas para que as pessoas se preparem para essa guerra.

Mensagem à Síria

Gostaria de transmitir uma palavra de alerta e conselho para a Síria, seu governo e líderes, bem como para todo o povo da Síria. A palavra é: ARREPENDAM-SE dos seus pecados, do ódio contra Israel e da injustiça praticada na terra contra seu próprio povo e contra o povo de Israel, até mesmo nas gerações passadas. Tomem conhecimento de que Deus já julgou vocês, e sua sentença já foi declarada. O povo da terra deve se arrepender de seus pecados e buscar Deus, mesmo que seus governantes e líderes não o façam. Uma vez que Deus é cheio de compaixão e misericórdia, há esperança de que ele perdoe, como fez antes em alguns casos nas Escrituras. Por exemplo, Deus enviou Jonas para a cidade de Nínive a fim de alertar o rei da destruição por vir contra a nação, quarenta dias antes de ela ocorrer. Jonas pregou ao rei e ao povo, e eles responderam da seguinte maneira:

Os ninivitas creram em Deus. Proclamaram um jejum, e todos eles, do maior ao menor, vestiram-se de pano de saco.

Quando as notícias chegaram ao rei de Nínive, ele se levantou do trono, tirou o manto real, vestiu-se de pano de saco e sentou-se sobre cinza. Então fez uma proclamação em Nínive:

"Por decreto do rei e de seus nobres:

Não é permitido a nenhum homem ou animal, bois ou ovelhas, provar coisa alguma; não comam nem bebam! Cubram-se de pano de saco, homens e animais. E todos clamem a Deus com todas as suas forças. Deixem os maus caminhos e a violência. Talvez Deus se arrependa e abandone a sua ira, e não sejamos destruídos".

Tendo em vista o que eles fizeram e como abandonaram os seus maus caminhos, Deus se arrependeu e não os destruiu como tinha ameaçado (Jonas 3.5-10).

Como isso já aconteceu antes, Deus certamente pode fazer o mesmo novamente. A profecia sempre teve a característica ou o propósito de alertar o povo das consequências de seus pecados. Caso ele creia na Palavra de Deus, se arrependa de seus pecados e se converta de seus caminhos, Deus aplicará sua misericórdia e seu perdão a ele. Síria, você não quer perder as suas crianças, os seus jovens, os seus soldados, a sua terra nem a sua alegria. Não quer ser transformada em uma terra deserta onde os animais fazem sua moradia nos montes de ruína das suas cidades.

Esta é a promessa de Deus em 2Crônicas 7.14:

> *Se o meu povo, que se chama pelo meu nome, se humilhar e orar, buscar a minha face e se afastar dos seus maus caminhos, dos céus o ouvirei, perdoarei o seu pecado e curarei a sua terra.*

Síria, há esperança para você em Deus, caso se arrependa e busque a face de Deus.

Mensagem a Israel

A Israel, a mensagem é: Tenha cuidado na forma de tratar e se envolver com ela. Tenha consciência de que a profecia de Isaías diz que você, de alguma forma, será enfraquecido após esse evento. Faça provisões para seu país, como José fez quando era governador do Egito, em antecipação dos anos de escassez por vir. O governo deve estar preparado para as consequências desse conflito. Quem quer que seja o primeiro-ministro na época em que ocorrer esse conflito, e aqueles que farão parte do Knesset (o parlamento de Israel) e do sistema judiciário do país, da IDF (Força de Defesa de Israel), da Mossad (Serviço Secreto de Israel), como também todos os líderes religiosos, professores e cidadãos, prestem atenção na palavra de Deus conforme registrada por seus profetas Isaías e Jeremias. Retrocedam e busquem Deus; busquem a sabedoria divina.

Busquem entender com clareza as profecias das Escrituras e compreendam o que Deus diz para vocês como nação. Orem e preparem o povo para que se arrependam de seus pecados e pratiquem a justiça de Deus em compaixão e amor. Deus quer trazer o reavivamento espiritual para a sua terra. Estudem as Escrituras. Ensinem a Palavra de Deus no sistema educacional, no sistema militar e nos locais de adoração.

Deus ama o seu povo e quer salvá-lo. Compreendam que as guerras por vir não serão solucionadas com alianças políticas, nem pela grandeza das suas armas militares, tampouco pelas brilhantes estratégias que a IDF (Força de Defesa de Israel) possa elaborar. Não depositem a sua confiança em seu Domo Dourado (*Kippat barzel*). A sua salvação e a sua vitória só podem vir de Deus. Renovem seus votos de amar a Deus de todo o seu coração e de praticar a justiça dentro e fora das suas fronteiras. Confiem em Deus Todo-poderoso e no Messias enviado para a sua salvação.

Mensagem às nações vizinhas, instituições
de caridade e organizações sociais do mundo
Preparem os seus países e as suas instituições de caridade para receber as pessoas fugindo aos milhões da Síria. Vocês vivenciam uma das maiores crises de refugiados da História. Estejam preparados para recebê-las com alimentos, água, elementos básicos de sobrevivência e até planos de moradia. As organizações sociais devem começar a levantar fundos para esse evento. Vocês não devem ser pegos de surpresa. Tenham consciência de que toda uma cidade, com cerca de 2 milhões de habitantes, e talvez um país inteiro, com cerca de 22 milhões de pessoas, serão exilados por causa dessa guerra, e os elementos da natureza destruirão Damasco. Praticamente o mundo inteiro terá de agir em conjunto para abrigar e

ajudar um grande número de pessoas. Todas as nações terão de se voltar de seus caminhos pecaminosos e egoístas e usar a compaixão e recursos para conceber um plano de resgate e restauração para tantas pessoas. Sugiro que a ONU comece a discutir um plano para essa futura migração de pessoas, em especial para a Europa. Planos e leis têm de já estar estabelecidos para esse período.

Mensagem à Igreja

Igreja, você é a esperança de Deus para o mundo, porque é o instrumento escolhido por Deus para apresentar o Salvador do mundo a todas as nações (Mateus 28.18-20). Você deve orar durante esse evento para que muitos venham a conhecer Jesus Cristo e crer nele como o único Salvador. Você sabe que o mundo se move na direção do retorno de Jesus Cristo a fim de estabelecer seu reino na terra. Busque em primeiro lugar o Reino de Deus para a sua própria vida. Arrependa-se dos seus pecados, leve uma vida santa, tenha compaixão, ajude os pobres, pratique a justiça de Deus, gaste a sua vida em exaltar Deus e servir às pessoas. Vocês, líderes da Igreja, tenham consciência das suas responsabilidades para liderar o rebanho de Deus sob seus cuidados na direção correta para estes últimos dias. Parem de viver um cristianismo complacente, cheio de confortos e caminhos luxuosos. Obedeçam à ordem de Cristo para enviar missionários às nações. Preparem as igrejas para usar os recursos financeiros que pertencem ao Reino de Deus — não às instituições, nem às denominações, tampouco aos ministérios — para treinar e enviar equipes para servir às pessoas que ficarão sem um país e que necessitarão do amor de Deus expresso por intermédio da ajuda humanitária. A Igreja, por muitos anos e talvez séculos, ora para que Deus abra as portas para os missionários e trabalhadores a fim de que consigam entrar em países como a

AS GUERRAS PRÉ-TRIBULAÇÃO

Síria com o objetivo de pregar o evangelho. Agora, Deus abre as portas para o evangelho do Reino, ao trazer as pessoas para fora da Síria. Essa será uma grande oportunidade para compartilhar e demonstrar o amor de Cristo. Orem e jejuem para que Deus seja misericordioso e reduza as consequências dessa guerra para poupar as pessoas. A Igreja deve ser mobilizada para uma unidade que jamais foi alcançada antes, mas pela qual Jesus orou em João 17. A Igreja deve ficar unida para ser a luz do mundo durante o período de trevas. Muitos dos cultos, tarefas e objetivos das igrejas serão o alinhamento com as profecias do fim dos tempos. O ministério e os seminários terão de readaptar seus currículos com os fatos que estão por vir. É preciso ajudar as crianças e os jovens a desenvolver objetivos para servir a Deus e preencher a ordem de Cristo para ir a todas as nações da terra e levar a mensagem do Reino. Devemos iniciar essa preparação *agora* e orar para que não estejamos atrasados nessa missão.

A COALIZÃO DAS NAÇÕES VIZINHAS (SALMOS 83)

Essa é a segunda guerra enumerada como guerra pré-tribulação. Essa profecia foi feita a Asafe, um sacerdote e escritor de canções.

A profecia

Ó Deus, não te emudeças;
não fiques em silêncio nem te detenhas, ó Deus.
Vê como se agitam os teus inimigos,
como os teus adversários
    te desafiam de cabeça erguida.
Com astúcia conspiram contra o teu povo;
tramam contra aqueles
    que são o teu tesouro.

Eles dizem: "Venham,
    vamos destruí-los como nação,
para que o nome de Israel
    não seja mais lembrado!"
Com um só propósito tramam juntos;
é contra ti que fazem acordo
as tendas de Edom e os ismaelitas,
Moabe e os hagarenos,
Gebal, Amom e Amaleque,
a Filístia, com os habitantes de Tiro.
Até a Assíria aliou-se a eles,
e trouxe força aos descendentes de Ló.

Trata-os como trataste Midiã,
como trataste Sísera e Jabim no rio Quisom,
os quais morreram em En-Dor
e se tornaram esterco para a terra.
Faze com os seus nobres o que fizeste
    com Orebe e Zeebe,
e com todos os seus príncipes
    o que fizeste com Zeba e Zalmuna,
que disseram:
    "Vamos apossar-nos das pastagens de Deus".

Faze-os como folhas secas
    levadas no redemoinho, ó meu Deus,
como palha ao vento.
Assim como o fogo consome a floresta
e as chamas incendeiam os montes,
persegue-os com o teu vendaval
e aterroriza-os com a tua tempestade.
Cobre-lhes de vergonha o rosto
*até que busquem o teu nome, S*ENHOR*.*

AS GUERRAS PRÉ-TRIBULAÇÃO

*Sejam eles humilhados e aterrorizados
para sempre;
pereçam em completa desgraça.
Saibam eles que tu, cujo nome é* SENHOR,
somente tu, és o Altíssimo sobre toda a terra (Salmos 83).

Percepções da guerra

Nações envolvidas
Essa guerra é denominada de "Guerra do Salmo 83", "Guerra do Oriente Médio" ou "Guerra das nações do círculo interno". O que é muito relevante sobre essa profecia é que o profeta fornece uma lista específica de nações e povos envolvidos na guerra. Esta é a lista dos antigos nomes proféticos das nações e os nomes correspondentes dessas nações:

As tendas de Edom — hoje, os palestinos (alguns pensam que os turcos também fazem parte desse grupo);

Os ismaelitas — os descendentes de Ismael; os povos do Oriente Médio, os sauditas e os povos do norte da África;

Moabe — os palestinos e a área central da Jordânia hoje;

Os hagarenos — o Egito; os descendentes de Hagar, a mãe de Ismael e outras nações árabes;

Gebal — a Jubal da modernidade, no Líbano; Hezbollah;

Os filhos de Ló, Moabe e Amom — os palestinos e o norte da atual Jordânia;

Amaleque — os turcos e os palestinos; os árabes da área do Sinai;

Filístia — Hamas, Gaza;

Os habitantes de Tiro — Tiro era uma grande cidade do sudeste do Líbano na costa mediterrânea;

Assíria — geograficamente, a Assíria fica no norte do Iraque (alguns pensam que o Irã está incluído no povo assírio, mas na Bíblia em geral vemos o Irã ser mencionado como a Pérsia). Resumindo, a lista clara das nações nessa coalizão com seus nomes modernos são: Jordânia, Líbano, Gaza, Síria, Iraque, Egito e Arábia Saudita.

QUADRO 3:
O QUADRO DAS NAÇÕES (SALMOS 83)

Os confederados do salmo 83	
Tendas de Edom	Palestinos & jordanianos do sul
Ismaelitas	Sauditas (Ismael, pai dos árabes)
Moabe	Palestinos & jordanianos da região central
Hagarenos	Hagarenos-egípcios
Gebal	Hezbollah & libaneses do norte
Amom	Palestinos & jordanianos do norte
Amaleque	Árabes da área do Sinai
Filístia	Hamas da faixa de Gaza
Tiro	Hezbollah & libaneses do sul
Assíria	Sírios e iraquianos do norte

Como esse salmo foi provavelmente escrito durante o período da ascendência assíria, entre os séculos IX e VII a.C., a lista das nações mostra os nomes antigos. É muito importante observar que essa coalizão dos países do Oriente Médio consiste em nações vizinhas de Israel, conhecidas como as nações do círculo interno (veja-as exibidas no mapa a seguir).

AS GUERRAS PRÉ-TRIBULAÇÃO

MAPA — Salmo 83
Nações do círculo interno

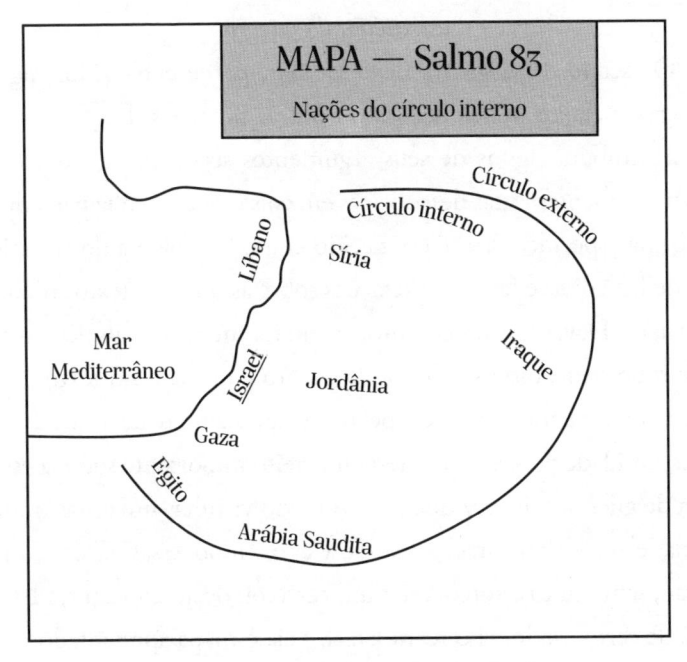

[Mapa com: Líbano, Síria, Mar Mediterrâneo, Israel, Jordânia, Iraque, Gaza, Egito, Arábia Saudita; Círculo interno e Círculo externo]

Figura 1: Apresentada por Bill Salus em seu livro *Salmo 83: A revelação da profecia perdida*

Propósito da guerra

Conhecemos, por causa dessa profecia (v. 3,4), o propósito dessa guerra: as nações enumeradas se reunirão em uma coalizão e prepararão a conspiração contra Israel, com um esquema astuto para destruir a nação israelense (v. 4) e tomar posse da terra (v. 12). Essas nações farão uma aliança formal, talvez secreta, contra Israel. É possível que os mecanismos de tais alianças já tenham sido conspirados em encontros ultrassecretos. A intenção clara dessas nações será "destruir Israel como nação e varrer seu nome da memória do mundo". É interessante observar que essa retórica também foi publicamente declarada por alguns líderes atuais de países do Oriente Médio.

A estratégia da guerra

O escopo dessa guerra deve ser claramente entendido. Alguns teólogos incluem outras nações ou outras profecias de guerra nesta daqui. Embora alguns de seus argumentos sejam intrigantes, creio que fundamentam suas descobertas em coisas que a Bíblia não afirma de forma específica. Isso é conhecido como "a teologia do silêncio", que deduz coisas e faz interpretações sobre as quais os textos bíblicos silenciam. Devemos, no entanto, manter a interpretação dentro dos limites do texto bíblico. O que fica claro com base no texto é que haverá uma aliança formada pelas nações vizinhas de Israel (v. 5). A proximidade dessas nações terá um efeito importante sobre a estratégia de guerra, uma vez que as nações são vizinhas umas das outras, e todas elas rodeiam Israel. Quando vier o tempo, essas nações conseguirão, sem muito esforço, criar um cerco ou obstrução contra Israel. Elas, de certo modo, já cercam Israel. Veja o mapa apresentado anteriormente (página 51) e confirme esse ponto.

A profecia instrui Israel a buscar a intervenção divina (v. 1). Essa guerra será muito dura para Israel. Nessa profecia, há dez nações, ou grupos de povos, enumeradas como inimigos. O salmista instrui Israel a depositar sua esperança em Deus. O versículo 16 termina com as seguintes palavras: "até que busquem o teu nome, Senhor". Parece que Israel não terá chance de vencer, mas Deus lutará ao lado de Israel nessa batalha. Israel pode esperar que essa guerra será como as antigas guerras registradas nas páginas do Antigo Testamento.

Consequências da guerra

A profecia não anuncia quais serão as consequências dessa guerra. Apenas declara a necessidade e o desejo de Israel para que Deus ajude a trazer a vitória. Há pedidos e associações específicos nesse salmo que devem direcionar o conteúdo da oração da nação a Deus. Israel implorará para que Deus faça sofrer os oponentes dessa nação, a fim de que estes sejam envergonhados e morram em desgraça por terem participado da guerra. Israel terá de jogar sua melhor cartada e usar sua melhor arma, ou seja, confiar em Deus e clamar pela ajuda divina. Israel pedirá para que Deus envie fortes elementos da natureza a fim de derrotar os inimigos de Israel, também considerados inimigos de Deus (v. 13-15). O objetivo derradeiro dessa guerra é que todas as nações reconheçam o poder do Deus de Israel. Esse é o tipo de oração que pode atrair a atenção de Deus. Se Israel verdadeiramente depender de Deus e confiar nele de fato para a libertação e vitória, então haverá esperança de que Deus responderá a seu povo e de que a vitória será obtida.

A história de Israel registra muitas ocasiões em que Deus, de modo sobrenatural, interveio a favor de Israel. A única esperança para Israel obter a vitória nessa guerra é Deus. A profecia deixa claro que a natureza dessa guerra deixará evidente que a única esperança de Israel, ou ajuda para essa nação, só poderá vir de Deus.

COMO SE PREPARAR PARA ESSA GUERRA

Mensagem a Israel
Israel, cuidado com os tratados firmados com as nações enumeradas nessa profecia. Tenha consciência de que uma trama acontecerá contra você. Há evidências de que tal conspiração já está em progresso. As palavras usadas na profecia — "tramam", "conspiram" e "astúcia" — são muito fortes, e o sentido delas é bastante óbvio. Atenção, Israel, pois as nações vizinhas usarão esquemas astutos para enganar você. Será preciso ter dose dupla de sabedoria para avaliar todos os tipos de acordos e alianças, e até mesmo os negócios com essas nações. Você não deve se surpreender, visto

que seus próprios profetas já fizeram alertas a respeito. É hora de extremo cuidado!

Israel, você tem de orar a Deus. Estabeleça agora um programa de oração nacional pedindo que Deus aja em seu favor. Os líderes religiosos, os rabinos, os pastores, os missionários e todos que amam a nação de Israel devem se envolver em oração séria, arrepender-se e buscar a face de Deus. O Senhor ouvirá as suas orações. Lembre-se desta promessa de Deus:

> *"Se o meu povo, que se chama pelo meu nome, se humilhar e orar, buscar a minha face e se afastar dos seus maus caminhos, dos céus o ouvirei, perdoarei o seu pecado e curarei a sua terra"* (2Crônicas 7.14).

Israel, lembre-se de orar com base nos versículos 1-3a da profecia do salmo 83.

> *Ó Deus, não te emudeças;*
> *não fiques em silêncio nem te detenhas, ó Deus.*
> *Vê como se agitam os teus inimigos,*
> *como os teus adversários*
>   *te desafiam de cabeça erguida.*
> *Com astúcia conspiram contra o teu povo.*

Considere os eventos registrados nas profecias entregues pelo profeta como orientação para os elementos de sua oração. Enumerei referências específicas que explico em detalhes a seguir:

> ***Trata-os como trataste (1) Midiã,***
> *como trataste **(2) Sísera e Jabim** no rio Quisom,*
> *os quais morreram em En-Dor*
> *e se tornaram esterco para a terra.*

> *Faze com os seus nobres o que fizeste*
> *com (3) **Orebe e Zeebe**,*
> *e com todos os seus príncipes*
> *o que fizeste com **Zeba e Zalmuna**,*
> *que disseram:*
> *"Vamos apossar-nos das pastagens de Deus".*
> *Faze-os como folhas secas*
> *levadas no redemoinho, ó meu Deus,*
> *como palha ao vento.*
> *Assim como o fogo consome a floresta*
> *e as chamas incendeiam os montes,*
> *persegue-os com o teu vendaval*
> *e aterroriza-os com a tua tempestade.*
> *Cobre-lhes de vergonha o rosto*
> *até que busquem o teu nome,* SENHOR.
>
> *Sejam eles humilhados e aterrorizados*
> *para sempre;*
> *pereçam em completa desgraça.*
> *Saibam eles que tu, cujo nome é* SENHOR,
> *somente tu, és o Altíssimo sobre toda a terra.*

Essa profecia é específica e direta em suas referências ao passado de Israel. Faça as seguintes perguntas sobre a sua inclusão na profecia; isso ajudará você a orar com compreensão e a seguir as instruções de Deus:

Primeira pergunta: O que Deus fez a Midiã? (v. 9a)?

Estude cuidadosamente o que Deus fez por intermédio da vida de Gideão, um dos juízes de Deus levantado para salvar seu povo contra os midianitas. A história de Gideão está registrada em Juízes 7. Deus usou um pequeno exército de 300 homens sob o comando de

Gideão para lutar contra um exército com cerca de 135 mil soldados. Você, fundamentado no que aconteceu naquela época, pode extrair muitas lições e até mesmo instruções de Deus para períodos difíceis. Uma delas é que todas as tribos de Israel se juntaram para a batalha. Elas eram uma só alma e tinham um só objetivo. Isso quer dizer que toda a nação de Israel deve se engajar e se unir para defender o país.

O relato nos diz que a nação de Israel saiu vitoriosa contra os midianitas, e essa vitória não se deveu às armas nem ao tamanho de seu exército. O Deus que fez isso para Israel por intermédio de Gideão fará o mesmo por você no momento dessa guerra.

Segunda pergunta: *O que Deus fez a Sísera e Jabim no rio Quisom, os quais morreram em En-Dor e se tornaram esterco para a terra (v. 9b)?*

Essa é uma referência ao tempo em que Deus levantou uma profetisa e juíza chamada Débora e um líder chamado Baraque. Jabim era rei de Canaã, e Sísera era comandante de seu exército. Eles estavam oprimindo o povo de Israel, que clamou a Deus e pediu para ser liberto. A juíza, que também era uma profetisa, estava em sintonia com Deus e ouviu do Senhor uma estratégia divina e detalhada para aquela guerra.

> *Débora mandou chamar Baraque, filho de Abinoão, de Quedes, em Naftali, e lhe disse: "O Senhor, o Deus de Israel, ordena a você que reúna dez mil homens de Naftali e Zebulom e vá ao monte Tabor. Ele fará que Sísera, o comandante do exército de Jabim, vá atacá-lo, com seus carros de guerra e tropas, junto ao rio Quisom, e os entregará em suas mãos". (Juízes 4.6,7)*

É relevante observar que a profetisa ouviu as instruções de Deus para o líder do exército de Israel. Há uma profunda lição aqui.

Deus quer trabalhar por intermédio das pessoas para estabelecer o Reino de Israel. O governo de Israel deveria prestar atenção nos profetas de Deus, nas profecias bíblicas, e orar a Deus a fim de receber as instruções para esse tempo futuro de guerra com as nações vizinhas. Pode parecer estranho que Deus tenha anunciado a Baraque que seria ele, o Senhor, quem enviaria o exército inimigo contra Israel, mas também seria ele quem daria a vitória a Israel. Até mesmo o local para a vitória é dado profeticamente, o rio Quisom. Sísera estaria no comando de um exército com 900 carros de ferro e inúmeras tropas (Juízes 4.11-13). Tudo parecia desfavorecer o exército de Israel, mas o Senhor, graças à obediência e à fé de Baraque e Débora, entregou o exército inimigo em suas mãos. A vitória prometida por Deus aconteceu. O cântico de Débora, em Juízes 5, fornece outros detalhes sobre a guerra e como Deus deu a vitória a Israel.

"Vieram reis e lutaram.
Os reis de Canaã lutaram
  em Taanaque, junto às águas de Megido,
mas não levaram prata alguma,
  despojo algum.
*Desde o céu **lutaram as estrelas,***
desde as suas órbitas
  lutaram contra Sísera.
O rio Quisom os levou,
  o antigo rio, o rio Quisom.
Avante, minh'alma! Seja forte!
Os cascos dos cavalos
  faziam tremer o chão;
galopavam,
  galopavam os seus poderosos cavalos.
'Amaldiçoem Meroz',
  disse o anjo do SENHOR.

> *'Amaldiçoem o seu povo,*
> *pois não vieram ajudar o Senhor,*
> *ajudar o Senhor contra os poderosos'.*" (Juízes 5.19-23)

Em seu cântico, Débora também revela uma possível forma pela qual Deus agirá para se livrar do exército de coalizão das nações circunvizinhas e por fim destruí-lo: as estrelas lutarão como lutaram contra Sísera; o rio Quisom levou os soldados; e o anjo do Senhor veio lutar por Israel. Débora continua com essa veia profética para revelar o que a mãe de Sísera e os servos dela pensavam sobre a demora desse comandante na batalha. Eles não sabiam que ele estava morto e que sua derrota viera pelas mãos de uma mulher.

> "*Pela janela olhava a mãe de Sísera;*
> *atrás da grade ela exclamava:*
> *'Por que o seu carro*
> *se demora tanto?*
> *Por que custa a chegar*
> *o ruído de seus carros?'*
> *As mais sábias de suas damas*
> *respondiam,*
> *e ela continuava falando consigo mesma:*
> *'Estarão achando e repartindo*
> *os despojos?*
> *Uma ou duas moças*
> *para cada homem,*
> *roupas coloridas*
> *como despojo para Sísera,*
> *roupas coloridas e bordadas,*
> *tecidos bordados*
> *para o meu pescoço,*
> *tudo isso como despojo?'.*" (Juízes 5.28-30)

AS GUERRAS PRÉ-TRIBULAÇÃO

Por que é importante mencionar o pensamento deles aqui? Porque isso demonstra a arrogância e a expectativa daquele rei e de seu exército para destruir Israel! Eles tinham certeza de que venceriam a batalha! Confiavam em suas armas e em seus carros de ferro, como também no número de suas tropas. Contudo, eles pereceram. A referência no salmo 83 a como Sísera morreu é surpreendente: ele se tornou "esterco para a terra". Esterco quer dizer estrume, excremento ou adubo. Este é o destino dos que se levantam contra Deus e Israel. Débora termina seu cântico com uma declaração muito forte, a qual Israel proclamará em suas orações:

> *"Assim pereçam*
> *todos os teus inimigos, ó SENHOR!*
> *Mas os que te amam sejam como o sol*
> *quando se levanta na sua força"* (Juízes 5.31).

Governantes e líderes de Israel, vocês têm de entender que Deus é a única esperança para essa guerra. Débora, em seu cântico, mencionou que os príncipes e os líderes de Israel se uniram com o povo da terra para ir à guerra e seguir a estratégia de Deus. Ela também declara como eles louvaram o Senhor juntos após a vitória. Uma vitória que veio de Deus!

> *Naquele dia, Débora e Baraque, filho de Abinoão, entoaram este cântico:*
> *"Consagrem-se para a guerra*
> *os chefes de Israel.*
> *Voluntariamente o povo se apresenta.*
> *Louvem o SENHOR!*
> *"Ouçam, ó reis!*
> *Governantes, escutem!*

A PRÓXIMA JOGADA

> *Cantarei ao Senhor, cantarei;*
> *comporei músicas ao Senhor,*
> *o Deus de Israel."* (Juízes 5.1-3)

Não confiem em alianças, tratados ou armas. Creiam em seu Deus. Ele é o único que os ajudará. Vocês podem confiar nele. Vocês ficarão cercados por nações poderosas e ricas que acreditam que vocês não devem mais existir e que a sua terra não pertence a vocês. Façam os cálculos e vejam que a sua única proteção só pode vir do Senhor. Busquem a face de Deus como uma nação unida, humilhem-se diante do Senhor e arrependam-se dos seus pecados e da sua independência de Deus. Esse será o momento para confiar em Deus, não no poder dos cavalos, dos aliados ou das armas.

Terceira pergunta: *O que aconteceu com Orebe, Zeebe, Zeba e Zalmuna?*

> *Faze com os seus nobres o que fizeste*
> *com Orebe e Zeebe,*
> *e com todos os seus príncipes*
> *o que fizeste com Zeba e Zalmuna,*
> *que disseram:*
> *"Vamos apossar-nos das pastagens de Deus".* (Salmos 83.11,12)

Na terceira referência ao salmo 83, há uma instrução para Israel orar a fim de que Deus faça com os líderes da nação que tramam contra Israel o mesmo que fez com esses quatro nobres do passado. A profecia diz que esses líderes se levantaram contra Israel com o mesmo objetivo que a coalizão das nações circunvizinhas terá no futuro: "Vamos apossar-nos das pastagens de Deus".

Interessante, não é mesmo? A mesma intenção e o mesmo objetivo das atuais ou futuras nações circunvizinhas de Israel estavam na mente dos líderes do passado. O desejo e a intenção de muitas nações sempre foram os mesmos no que diz respeito a Israel. Quem eram esses nobres e o que acontece com eles? Se retrocedermos à batalha de Gideão contra Midiã, veremos quem eram essas pessoas. Os quatro nomes mencionados na profecia referem-se a dois príncipes e dois reis que queriam vir para pegar o que pertencia a Israel. Gideão e seus guerreiros, com a ajuda de algumas das tribos, mataram todos eles. Você pode ler mais sobre essa história em Juízes 7.24,25; 8.10-21.

Em Salmos 83.13-18, vemos que Israel pode esperar que Deus aja nessa guerra contra os seus inimigos por intermédio das forças da natureza como o fogo, as tempestades e os ventos fortes.

Um ato como esse de Deus na defesa de seu povo deve trazer glória ao nome do Senhor.

Sejam eles humilhados e aterrorizados
   para sempre;
pereçam em completa desgraça.
Saibam eles que tu, cujo nome é SENHOR,
somente tu, és o Altíssimo sobre toda a terra. (Salmos 83.17,18)

Por que essas instruções são importantes em relação à futura coalizão das nações contra Israel?

Essas são instruções proféticas que o Senhor deu a Israel sobre como orar contra aquela aliança de nações que conspiram contra o povo de Deus. Quando Deus nos instrui a orar de determinada maneira e sob sua revelação profética, isso significa que ele tem a intenção de responder a essa oração exatamente da forma que deveria ser. Em uma revelação profética, Deus apresenta seu plano para nós e espera que o façamos acontecer por intermédio das nossas orações de fé e dos nossos passos de obediência. Se Israel orar com fé e seguir as instruções de Deus, o Senhor agirá com uma estratégia que trará vitória a Israel, exatamente da mesma forma que trouxe vitória na época de Gideão e Débora.

Enquanto escrevo este livro, Benjamin Netanyahu é o primeiro-ministro de Israel. Ele enfrenta muitos desafios e decisões para seu país. Sua responsabilidade é inimaginável. Garanto, pelo poder da Palavra de Deus, por intermédio dessa profecia que estamos discutindo, que o Senhor, quando chegar o tempo, agirá de forma poderosa e dará uma estratégia sobrenatural ao primeiro-ministro, quem quer que seja ele. Ele experimentará a vitória dada por Deus. Israel deve orar em favor do primeiro--ministro e, nesse momento, deve se unir em torno de sua pessoa, porque ele é o líder de Deus escolhido para Israel nesse período da História. A política dividida não ajudará Israel. Não nessa época. Não é o momento para agir politicamente e ter em vista os interesses pessoais. Esse esquema maligno a ser tramado pela coalizão das nações contra a terra de Israel será sério. E tem de ser levado a sério.

Abraham Lincoln, o 16º presidente dos Estados Unidos, disse certa vez: "A casa dividida contra si mesma não subsistirá". Creio que citava Jesus Cristo quando o Mestre disse: "Se uma casa estiver dividida contra si mesma, também não poderá subsistir" (Marcos 3.25). O dr. Bill Beckham, um dos pastores a quem admiro muitíssimo, sempre diz o seguinte: "Duas visões trazem divisão". A unidade será absolutamente necessária no seio do governo israelense para enfrentar o desafio que essa conspiração trará, à luz da revelação profética do salmo 83.

AS GUERRAS PRÉ-TRIBULAÇÃO

Mensagem às nações circunvizinhas de Israel
Aos líderes da Jordânia, Líbano, Gaza, Síria, Iraque, Egito, Arábia Saudita e quaisquer outras nações do Oriente Médio ou grupos que possam fazer parte dessa coalizão, prestem atenção na profecia. Deus revelou por intermédio de seu profeta, quase três milênios atrás, a intenção e os planos futuros para vocês se unirem com o propósito de varrer Israel do mapa e conquistar a terra israelense. Essa conspiração pode não ser tão secreta e confidencial quanto parece ser. A profecia de Deus desvela as intenções e os planos astutos contra a nação vizinha de Israel. Tenham confiança de que essa profecia declara que Israel obterá vitória contra tal coalizão unida, porque sua força virá de Deus, e o Senhor agirá em favor de Israel. Se vocês estiverem lendo ou ouvindo isso e tiverem conhecimento ou informações sobre essa conspiração, aconselho que mudem os seus planos e passem a temer o Deus de Israel. Quem sabe ele, se vir a mudança no seu coração e o arrependimento dos seus planos, não demonstrará misericórdia em relação a vocês?

Se vocês escolherem não abandonar esse plano, não se esqueçam de acrescentar proteção adicional, talvez guarda-sóis ou guarda-chuvas e coletes salva-vidas, à lista de equipamentos que os seus soldados precisarão para essa guerra. Pois Deus, para proteger seu povo, moverá até mesmo a natureza contra vocês!

Mensagem aos povos dessas nações: mesmo se o seu líder e os seus governantes decidirem entrar nessa aliança contra Israel e seu Deus, orem para que Deus tenha misericórdia dos seus países e dos seus familiares, vizinhos e amigos que se juntarão aos exércitos. Há promessas na Palavra de Deus de que "se o meu povo, que se chama pelo meu nome, se humilhar e orar, buscar a minha face e se afastar dos seus maus caminhos, dos céus o ouvirei, perdoarei o seu pecado e curarei a sua terra" (2Crônicas 7.14).

Mensagem aos governantes de todas as outras nações, aos Estados Unidos, às instituições de caridade e organizações sociais do mundo

A profecia revela a arrogância do líder dos Estados que farão parte dessa coalizão das nações. A arrogância deles, por fim, é contra Deus e aquilo que o Senhor já profetizou. Aprendam com essa profecia e humilhem-se diante do Senhor Deus. Sejam justos e leais em seus tratados e acordos com Israel. Compreendam que Deus moverá sua mão para salvar Israel. As consequências dessa guerra afetarão de forma fundamental o Oriente Médio e terão efeitos colaterais importantíssimos nessa região. Haverá muitas mortes, muitas pessoas fugindo de seus países e com necessidade desesperada de ajuda, moradia, alimento e assistência médica. Todos vocês terão de se preparar para isso. Esse será um problema global que demandará um esforço global. Discutam agora as leis e os fundos sociais que deverão estar disponíveis para esse período da história do mundo.

Mensagem à Igreja

A Igreja no mundo todo deve seguir a instrução do profeta e orar com Israel e por Israel de acordo com essa profecia. Essa será uma guerra espiritual seriíssima. Não fica claro se a Igreja ainda estará na terra na época dessa guerra. Se essa guerra acontecer antes da tribulação, a Igreja certamente ainda estará aqui. Contudo, se ela acontecer no início da tribulação ou em algum momento durante esses sete anos, então a Igreja já terá sido arrebatada e não mais estará na terra.

A Igreja tem de entender que faz parte do exército do Senhor espalhado por todo o globo terrestre. É hora de se levantar em favor de Israel e orar por essa nação. Orem por seus líderes e os apoiem. Vocês, investidos de autoridade espiritual para orar e interceder, têm de se levantar e orar para que os planos de guerra do inimigo sejam frustrados. Ministros e líderes eclesiásticos, instruam as suas igrejas sobre a necessidade de orar por Israel. Estabeleçam horários de vigília, oração e jejum por essa nação. Vocês estão aqui para este momento da História. Da mesma forma que Mardoqueu disse a Ester: "Quem sabe se não foi para um momento como este que você chegou à posição de rainha?" (Ester 4.14), vocês não podem deixar passar um período tão importante como este no plano e na ação de Deus sobre a terra. Saibam que estamos vivendo no fim dos tempos. Formulem os seus planos. Adiantem-se e preparem-se.

Uma nota sobre o momento da guerra do salmo 83

Ponho essa guerra no período pré-tribulação, que é também o período pré-arrebatamento. Contudo, não podemos afirmar isso com certeza. Essa guerra também poderia acontecer durante o período da tribulação (pós-arrebatamento). Para os cristãos que estão lendo este livro, o tempo para apresentar Israel em oração é agora. Abracem Israel com o seu apoio e as suas orações. As igrejas devem instruir seus membros para se prepararem. Muitos ensinamentos sobre o que está acontecendo e a responsabilidade das igrejas e de seus membros para auxiliar na crise mundial devem ser ensinados nos anos seguintes nos púlpitos, nas escolas dominicais, nos seminários, nas escolas de treinamento e nos programas de missões.

Se essa guerra acontecer antes da tribulação, as igrejas em torno do mundo devem estar preparadas para ajudar todas as nações que serão afetadas. As equipes de compaixão devem ser enviadas para ajudar e prover para os necessitados e feridos. Esse será o momento da Igreja para demonstrar o amor real de Deus de uma forma prática.

A Igreja deve ser como José, o governador do Egito, que ajudou a salvar as nações durante o tempo de seca e fome extremadas.

O livro de Apocalipse e o livro de Daniel mencionam que os "santos do Altíssimo" estarão na terra durante o período da tribulação. Isso se refere àqueles que irão a Cristo e serão salvos durante a tribulação. Além deles, haverá 144 mil judeus das 12 tribos de Israel que serão designados por Cristo para pregar o evangelho durante esse período. Essas pessoas precisam se postar com Israel em oração; não só com Israel, mas com todo o povo de todas as nações envolvidas, para que busquem Deus durante esse período.[6]

---

[6] Para mais informações detalhadas sobre esse conflito, sugiro a leitura de Salus, Bill. **Psalm 83, The Missing Prophecy Revealed**, Highway, Crane. Missouri.

4

AS GUERRAS DA TRIBULAÇÃO

Evidências sugerem que cada uma das guerras a seguir pode acontecer durante o período da tribulação. Essas guerras — como esse período dura apenas sete anos, embora estes sejam os sete anos mais difíceis e transformadores para a terra — desempenharão papéis essenciais no início da tribulação, o aumento dos eventos e personagens centrais e a culminação no fim desse período.

O SEGUNDO SELO DAS GUERRAS MUNDIAIS (APOCALIPSE 6.3,4)

O apóstolo João escreveu o livro profético de Apocalipse, que mostra a correlação entre os eventos nos reinos espirituais e as ações que acontecem aqui na terra. Para este nosso estudo, é de particular importância a profecia que mostra que haverá uma série de guerras mundiais durante o período da tribulação. Essas guerras, de acordo com a profecia, são ativadas por um cavaleiro em um cavalo vermelho que é liberado quando Jesus Cristo, no céu, abrir o segundo selo de um livro com sete selos.

> *Quando o Cordeiro abriu o segundo selo, ouvi o segundo ser vivente dizer: "Venha!" Então saiu outro cavalo; e este era vermelho. Seu cavaleiro recebeu poder para tirar a paz da terra e fazer que os homens se matassem uns aos outros. E lhe foi dada uma grande espada.* (Apocalipse 6.3,4)

Muitas guerras já estarão em andamento, e as nações se levantarão contra as nações, conforme Jesus nos alertou em Mateus 24. O mundo, em consequência dessas guerras, verá muitas mortes, muitas pessoas fugindo de seus países em uma crise global de refugiados, e uma necessidade desesperada por ajuda emergencial em áreas como habitação, alimentação e assistência médica. Essa profecia não revela os nomes das nações que estarão em guerra durante esse período, mas diz que a paz não mais existirá na terra, e isso pode significar que essas guerras podem estar ocorrendo simultaneamente no mundo todo. O caos imperará na face da terra. A profecia menciona "uma grande espada" nas mãos do cavaleiro no cavalo vermelho, revelando que as guerras acontecerão em grande escala em toda a terra. Com conflitos e mortes em tão grande escala, pode haver endurecimento e frieza em relação à morte e aos feridos.

Para entender melhor esse período de guerras e para saber quando ele possivelmente terá início, precisamos entender a progressão da abertura dos quatro selos, conforme testemunhado por João:

> *Observei quando o Cordeiro abriu o primeiro dos sete selos. Então ouvi um dos seres viventes dizer com voz de trovão: "Venha!" Olhei, e diante de mim estava um cavalo branco. Seu cavaleiro empunhava um arco, e foi-lhe dada uma coroa; ele cavalgava como vencedor determinado a vencer* (Apocalipse 6.1,2).

AS GUERRAS DA TRIBULAÇÃO

O início desse período será desencadeado pela aparição de uma figura muitíssimo importante no cenário mundial, representada na visão de João por um cavaleiro com uma coroa em um cavalo branco. O simbolismo do arco em suas mãos significa que ele será um homem de guerra. É bastante irônico que, no início, ele apareça como um homem de paz, daí o cavalo branco, embora a profecia deixe claro que seu propósito é a conquista.

A seguir, há Escrituras relevantes do profeta Daniel que informam que esse homem será capaz de facilitar um tratado de paz durante o período de grande tumulto no mundo. Ele pode até receber o Prêmio Nobel da Paz, tal será sua habilidade diplomática. Considere as seguintes passagens que fazem parte da profecia de Daniel e que se referem à aparição do anticristo no mundo:

"Então eu quis saber o significado do quarto animal, diferente de todos os outros e o mais aterrorizante, com seus dentes de ferro e garras de bronze, o animal que despedaçava e devorava suas vítimas, e pisoteava tudo o que sobrava. Também quis saber sobre os dez chifres da sua cabeça e sobre o outro chifre que surgiu para ocupar o lugar dos três chifres que caíram, o chifre que tinha olhos e uma boca que falava com arrogância. Enquanto eu observava, esse chifre guerreava contra os santos e os derrotava, até que o ancião veio e pronunciou a sentença a favor dos santos do Altíssimo; chegou a hora de eles tomarem posse do reino.

"Ele me deu a seguinte explicação: 'O quarto animal é um quarto reino que aparecerá na terra. Será diferente de todos os outros reinos e devorará a terra inteira, despedaçando-a e pisoteando-a. Os dez chifres são dez reis que sairão desse reino. Depois deles um outro rei se levantará, e será diferente dos primeiros reis. Ele falará contra o Altíssimo, oprimirá os seus santos e tentará mudar os tempos e as leis. Os santos serão entregues nas mãos dele por um tempo, tempos e meio tempo.

" '*Mas o tribunal o julgará, e o seu poder lhe será tirado e totalmente destruído, para sempre. Então a soberania, o poder e a grandeza dos reinos que há debaixo de todo o céu serão entregues nas mãos dos santos, o povo do Altíssimo. O reino dele será um reino eterno, e todos os governantes o adorarão e lhe obedecerão'* " (Daniel 7.19-27).

Essa pessoa proeminente é o anticristo. Ele será um diplomata que liderará um bloco de dez nações, talvez uma organização como a União Europeia ou as Nações Unidas. E, em virtude de sua habilidade de promover a paz e trazer um período de segurança, e em especial pelo que ele realizará com Israel, passará a ter enorme prestígio, bem como a confiança e a aprovação de muitos. Contudo, o profeta Daniel também alerta que esse período de paz será quebrado pelo mesmo indivíduo que a promoveu. Na realidade, ele será um enganador; atuará para conquistar o favor do mundo até obter o poder necessário para conquistar.

> *Com o intuito de prosperar, ele enganará a muitos e se considerará superior aos outros. Destruirá muitos que nele confiam e se insurgirá contra o Príncipe dos príncipes. Apesar disso, ele será destruído, mas não pelo poder dos homens.* (Daniel 8.25)

O apóstolo Paulo também nos fala sobre a aparição desse homem:

> *Não deixem que ninguém os engane de modo algum. Antes daquele dia virá a apostasia e, então, será revelado o homem do pecado, o filho da perdição. Este se opõe e se exalta acima de tudo o que se chama Deus ou é objeto de adoração, chegando até a assentar-se no santuário de Deus, proclamando que ele mesmo é Deus* (2 Tessalonicenses 2.3,4).

AS GUERRAS DA TRIBULAÇÃO

O propósito desta seção do livro é explicar as profecias bíblicas sobre as guerras do segundo selo. O ponto crucial é o anticristo, a figura relevante que ativará os eventos que levarão a um período de guerras intensas na face da terra. O mundo deveria saber que, imediatamente depois do arrebatamento da Igreja de Jesus Cristo, ou quem sabe simultaneamente a esse evento, esse poderoso diplomata ficará em evidência no mundo. Esse é o evento crucial para antecipar o período visto pelo apóstolo João, quando Jesus Cristo abriu o segundo selo do livro. Eis a profecia mais uma vez:

> Quando o Cordeiro abriu o segundo selo, ouvi o segundo ser vivente dizer: "Venha!" Então saiu outro cavalo; e este era vermelho. Seu cavaleiro recebeu poder para tirar a paz da terra e fazer que os homens se matassem uns aos outros. E lhe foi dada uma grande espada (Apocalipse 6.3,4).

Lembre-se de que, na profecia de Apocalipse, uma série de eventos no céu precede uma série de eventos correspondentes na terra. Examinemos o que se segue quando o terceiro selo é aberto:

> Quando o Cordeiro abriu o terceiro selo, ouvi o terceiro ser vivente dizer: "Venha!" Olhei, e diante de mim estava um cavalo preto. Seu cavaleiro tinha na mão uma balança. Então ouvi o que parecia uma voz entre os quatro seres viventes, dizendo: "Um quilo de trigo por um denário e três quilos de cevada por um denário, e não danifique o azeite e o vinho!" (Apocalipse 6.5,6).

É interessante observar que, após o homem de paz enganador aparecer (já sabemos pelas palavras de Daniel que, na realidade, ele é um homem de guerra), o cavaleiro do cavalo vermelho chamado Guerra surge em cena. Sua aparição e seu trabalho serão a causa de muitas guerras em toda a terra, provendo um cenário fértil para o anticristo mostrar seu conjunto único de habilidades, capacidade de conquistar corações e lealdade com uma campanha fraudulenta e enganosa pela paz. Em consequência de suas habilidades "diplomáticas", ele facilitará um tratado sem precedentes para o Oriente Médio. Contudo, esse tratado será apenas temporário.

O terceiro selo será aberto no céu, e o cavaleiro no cavalo preto liberará um tempo sem precedentes de fome por causa das guerras (Apocalipse 6.5,6). Muitas nações na terra sofrerão com a escassez de alimento e água. O custo de vida ficará altíssimo, em razão da escassez causada pela devastação dos recursos e da infraestrutura como resultado das guerras.

Esse é o sentido da balança vista por João nas mãos do cavaleiro no cavalo preto. A voz vinda em meio às quatro criaturas viventes anuncia que os alimentos necessários para alimentar uma família custarão o salário do dia trabalhado. "Um quilo de trigo por um denário e três quilos de cevada por um denário."

E o que será liberado pelo cavaleiro do quarto selo trará mais calamidades à terra:

> *Quando o Cordeiro abriu o quarto selo, ouvi a voz do quarto ser vivente dizer: "Venha!" Olhei, e diante de mim estava um cavalo amarelo. Seu cavaleiro chamava-se Morte, e o Hades o seguia de perto. Foi-lhes dado poder* **sobre um quarto da terra** *para matar pela* **espada***, pela* **fome***, por* **pragas** *e por meio dos* **animais selvagens** *da terra* (Apocalipse 6.7,8).

Estamos examinando uma progressão inter-relacionada. Esse quarto selo traz o cavalo amarelo com um cavaleiro chamado Morte, seguido de perto pelo Hades, que vem atrás dele. Essa visão de guerra chega a uma conclusão perturbadora, que é explicada no fim do versículo 8. Um quarto da população da terra morrerá por causa das guerras, fome, pragas e animais selvagens da terra!

Já tratamos da escassez de alimentos (terceiro selo) como resultado das guerras (segundo selo). Aqui a visão se desenvolve para mostrar que haverá um surto de pragas e doenças mortais como jamais se viu antes. Talvez ainda mais chocante que isso, João viu, por assim dizer, uma revolução dos animais. Os animais selvagens que até o momento viviam tranquila e pacificamente aqui na terra, pelo menos em relação à humanidade, sairão de seu *habitat* e florestas, provavelmente movidos pela escassez de alimentos. Esses animais selvagens atacarão homens e mulheres. Muitos morrerão por causa desses ataques, pois os animais selvagens são especificamente mencionados na profecia junto com as guerras, pragas e fome.

João, por fim, viu que o Hades estava seguindo a Morte. Nessa visão simbólica, o Hades ou inferno, o local para onde irão as pessoas perversas e as que rejeitaram a Palavra de Deus, segue a Morte a fim de levar para o inferno aqueles que morrerão durante esses eventos. Precisamos, estática e vividamente, permitir que essa visão nos deixe chocados com seu impacto. O Hades recolherá a alma de um quarto de toda a população da terra! Será que estamos contemplando um número que pode muito bem chegar a 2 bilhões de vidas em um período menor que sete anos? Essa não é uma guerra santa jihadista com a afirmação de que os mártires ganharão o céu; essa é uma perda relevante, trágica e catastrófica de vidas em que o inferno será a consequência para aqueles que se recusam a receber e honrar a Palavra de Deus.

COMO SE PREPARAR PARA ESSAS GUERRAS

Lembre-se de que essas guerras acontecerão durante o período da tribulação. A Igreja já não mais estará na terra. Essas guerras farão parte do julgamento de Deus contra os pecados das nações. O julgamento de Deus nesse momento não é ainda o julgamento final para a eternidade; antes, a dramática ação divina para levar homens e mulheres ao arrependimento. Esse momento não é ainda o fim da História. Se Deus quisesse destruir toda a humanidade, faria isso nesse momento da história do mundo. Mas o propósito de Deus nesse período é atrair a humanidade para o arrependimento e para ele próprio. Eles verão todas as consequências da depravação e pecado do homem na terra, e o julgamento do Deus Santo e Justo que expõe e julga tudo o que existe no coração do homem.

Mensagem a Israel

Uma vez que as palavras proféticas são verdadeiras e serão executadas, Israel terá de enfrentar sua disciplina por Deus durante o período de tribulação. O profeta Jeremias escreveu: "Como será terrível aquele dia! Sem comparação! Será tempo de angústia para Jacó; mas ele será salvo" (Jeremias 30.7).

> *"Naquela ocasião Miguel, o grande príncipe que protege o seu povo, se levantará. Haverá um tempo de angústia como nunca houve desde o início das nações até então. Mas naquela ocasião o seu povo, todo aquele cujo nome está escrito no livro, será liberto."* (Daniel 12.1)

Daniel alertou aos judeus que eles deveriam ter o nome escrito no "livro" a fim de serem resgatados. A qual livro o profeta se refere e como eles podem ter seu nome nele escrito para que sejam resgatados durante esse período de calamidade? Outras passagens nas Escrituras mencionam "o livro da vida". João, o apóstolo, em sua visão do céu descreveu um livro chamado "o livro da vida", no qual estão registrados os nomes daqueles que pertencem a Deus. Esse livro também é mencionado nas seguintes passagens:

*Sejam eles tirados do **livro da vida** e não sejam incluídos no rol dos justos* (Salmos 69.28);

*"Contudo, alegrem-se, não porque os espíritos se submetem a vocês, mas porque **seus nomes estão escritos nos céus**"* (Lucas 10.20).

*"O vencedor será igualmente vestido de branco. Jamais apagarei o seu nome do **livro da vida**, mas o reconhecerei diante do meu Pai e dos seus anjos"* (Apocalipse 3.5).

*Vi também os mortos, grandes e pequenos, em pé diante do trono, e livros foram abertos. Outro livro foi aberto, **o livro da vida**. Os mortos foram julgados de acordo com o que tinham feito, segundo o que estava registrado nos livros* (Apocalipse 20.12).

*Aqueles cujos nomes não foram encontrados no **livro da vida** foram lançados no lago de fogo* (Apocalipse 20.15).

Jesus Cristo alertou seus discípulos em Mateus 24.9-22 sobre o tempo da tribulação:

"Então eles os entregarão para serem perseguidos e condenados à morte, e vocês serão odiados por todas as nações por minha causa. Naquele tempo, muitos ficarão escandalizados, trairão e odiarão uns aos outros, e numerosos falsos profetas surgirão e enganarão a muitos. Devido ao aumento da maldade, o amor de muitos esfriará, mas aquele que perseverar até o fim será salvo. E este evangelho do Reino será pregado em todo o mundo como testemunho a todas as nações, e então virá o fim.

"Assim, quando vocês virem 'o sacrilégio terrível', do qual falou o profeta Daniel, no Lugar Santo — quem lê, entenda — então, os que estiverem na Judeia fujam para os montes. Quem estiver no telhado

de sua casa não desça para tirar dela coisa alguma. Quem estiver no campo não volte para pegar seu manto. Como serão terríveis aqueles dias para as grávidas e para as que estiverem amamentando! Orem para que a fuga de vocês não aconteça no inverno nem no sábado. Porque haverá então grande tribulação, como nunca houve desde o princípio do mundo até agora, nem jamais haverá. Se aqueles dias não fossem abreviados, ninguém sobreviveria; mas, por causa dos eleitos, aqueles dias serão abreviados".

Portanto, Israel, preste atenção nas palavras dos profetas e nas palavras de Jesus! Saiba que um período de grande agonia virá sobre você. Contudo, para você, haverá graça em meio à angústia, porque a disciplina virá de Deus. Ele disciplinará você como um pai disciplina um filho. As intenções do Senhor são para que Israel se volte para ele. Ele quer que você faça *Aliyah* com ele, não apenas o país. A única saída para essa agonia será fazer acima de tudo sua *Aliyah* com ele.

Há outra visão profética relevante aqui. Em Apocalipse 11, João recebeu um caniço como uma vara para medir o templo de Deus, o altar, e também para contar os adoradores ali (Apocalipse 11.1). Ele recebeu orientação para não contar o pátio exterior, pois este fora dado aos gentios que estarão caminhando pela cidade santa por 42 meses ou três anos e meio (Apocalipse 11.2). A visão detalha o mesmo período de 1.260 dias, ou três anos e meio, para as duas testemunhas de Deus que estarão pregando em Jerusalém (Apocalipse 11.3).

Há muito a ser encorajado sobre essa visão: o templo de Deus estará ativo nessa época, mostrando que há grande possibilidade de que, durante o tempo da grande tribulação (os últimos três anos e meio do período da tribulação), o templo seja reconstruído. Como o "pátio exterior" foi "dado aos gentios", os judeus provavelmente congregarão na parte interna do templo a fim de oferecer seus sacrifícios e adorar a Deus. Os gentios, lá fora, estarão tomando conta da Cidade Santa, que dará acesso ao templo, talvez até mesmo oferecendo as próprias orações a Deus desse local. Mesmo se essa organização for o resultado do tratado de paz que o anticristo negociará entre Israel e os vizinhos árabes no início do período de tribulação, a adoração a Deus será restaurada.

João teve a tarefa de ir e medir o templo, o número de adoradores e os sacrifícios oferecidos no altar! Como isso é interessante! Acredito que a razão para a medida simbólica é que Deus quer transmitir uma mensagem para Israel de que ele estará observando como você o buscará nesse período da História. Acredito que Deus ouvirá as suas orações e responderá a elas, em especial as orações de arrependimento. É isso o que significa a medida do altar. Deus espera que o seu coração arrependido retorne a ele e que você aceite a disciplina dele como um bom filho, o filho que retorna, o filho pródigo, o filho de *Aliyah*.

Deus levantará duas testemunhas para dar testemunho a você, Israel, sobre quem o seu Deus é e sobre quão poderoso ele é. Você deveria ouvi-las. Elas podem ser Moisés e Elias, que realizarão sinais e maravilhas diante dos seus olhos para lembrar a você como Deus resgatou Israel no passado, quando as nações queriam destruir você. Esses homens terão poder para fechar o céu, transformar a água em sangue e assolar a terra com todo tipo de praga, quantas vezes desejarem (Apocalipse 11.3-6). Eles receberão poder de Deus para cumprir uma missão dupla: proteger sua nação; testemunhar e encorajar você a reconhecer que o Deus de Israel é ainda o Deus soberano acima de todo nome. Essa é a razão pela qual ele enviará dois homens como testemunhas para você. Aceite-os como vindos de Deus. Ouça esses homens quando esse tempo chegar.

Mensagens aos reis e líderes da terra

A Igreja, nessa época, conforme mencionado anteriormente, não estará mais na terra. Os cristãos são chamados para ser "embaixadores de Cristo, como se Deus estivesse fazendo o seu apelo por nosso intermédio" (2Coríntios 5.20). Até que a Igreja seja arrebatada e levada para fora deste mundo, qualquer pessoa que quiser se arrepender de seus pecados e se reconciliar com Deus pode encontrar perdão e respostas em Cristo por intermédio do ministério da Igreja, mas, durante os eventos do período da tribulação na terra, a reconciliação com Deus acontecerá de uma forma diferente.

João, na profecia de Apocalipse, viu que Deus designará 144 mil judeus das 12 tribos de Israel para proclamar seu nome e o evangelho da salvação durante a tribulação. Esses homens terão um relacionamento espiritual muito especial com Cristo. Serão capazes de compartilhar o evangelho e falar sobre a salvação com a nação de Israel e todas as nações da terra (veja os capítulos 7 e 14 de Apocalipse). A mensagem pregará que a "salvação está só em Cristo" e que eles "não podem aceitar a marca da besta". Essa será uma mensagem específica da salvação para aqueles que ainda estiverem na terra nesse período.

Deus, além desses 144 mil judeus, levantará duas testemunhas poderosas que pregarão o evangelho da salvação e mostrarão o poder divino aos habitantes da terra (Apocalipse 11). A Palavra de Deus e seu poder serão demonstrados por intermédio dessas duas testemunhas enviadas e empoderadas por Deus. Ninguém terá uma desculpa para não reconhecer o poder e a autoridade da Palavra de Deus e das testemunhas; mas as pessoas ainda farão sua própria escolha em relação a se submeter a ele ou não.

É claro que a Palavra de Deus ainda estará disponível. Pense em quantos meios ela está atualmente disponível: livros, filmes, vídeos da internet, aplicativos de telefone e outros recursos. Qualquer pessoa que desejar terá acesso às fontes para entender os eventos que estarão experimentando nesse período por vir, os eventos profetizados na Palavra de Deus. A Igreja do mundo todo foi muito cuidadosa em produzir materiais e recursos confiáveis para que muitos possam aprender a se reconciliar com Deus e obter a salvação nesse momento de angústia. Até mesmo agora, vastas bases de dados e recursos acadêmicos estão sendo preparados e armazenados na internet e em nuvens, a nova forma de armazenar dados; é possível que outras ferramentas de tecnologia de ponta sejam inventadas e também se tornem instrumentos valiosos para Deus comunicar a mensagem da salvação a qualquer um que queira compreender os eventos que assolarão a terra.

Então, a única maneira de se preparar para esse período na terra é buscar Deus, arrependendo-se de seus pecados e reconciliando-se com o Senhor. A Palavra de Deus declara que não há salvação por nenhum outro nome. As guerras do segundo selo serão um momento para ouvir a mensagem dos 144 mil judeus e as duas testemunhas enviadas por Deus. Será um momento para retornar à mensagem e aos ensinamentos da Igreja, obras como esta que esclarecem os livros proféticos da Bíblia. Tire vantagem de todo material disponível, preste atenção na mensagem e aja de acordo. Deus é rico em misericórdia e ouvirá as orações de arrependimento daqueles que desejam voltar para ele.

Se estiver lendo este livro, quero enfatizar que este é o momento para você se arrepender de seus pecados! Retorne para Deus agora. Não espere até que o tempo de tribulação e de angústia chegue à terra.

> *"Se hoje vocês ouvirem*
> *a sua voz,*
> *não endureçam o coração,*
> *como na rebelião."* (Hebreus 3.15)

A PRÓXIMA JOGADA

Mensagem aos governos de todas as nações, às Nações Unidas, às instituições de caridade e às organizações sociais do mundo

A mensagem do segundo selo declara que um quarto de toda a população da terra morrerá por causa de fome, guerras, pragas e ataques de animais selvagens. No entanto, isso quer dizer que o restante da população do mundo, três quartos dos habitantes da terra, continuará viva, tentando aceitar e entender tudo o que estará vivenciando. Não será uma tarefa fácil se preparar para uma crise mundial sem precedentes nesse momento da história mundial.

Talvez, se todas as nações começarem agora a trabalhar e fazer provisões para aqueles momentos, haja uma chance de os sobreviventes terem uma qualidade razoável de vida, com acesso a alimentos, água e informações sobre o que aconteceu e sobre a mão de Deus nesse processo dramático.

Uma grande campanha de conscientização terá de ser empreendida no mundo todo. Medidas de segurança contra a revolução dos animais selvagens terão de ser implementadas, e será preciso conceber um sistema de cooperação para que haja fundos disponíveis para as necessidades essenciais futuras. Todos os governos aprenderão importantes lições de governança com José, pois ele também administrou um governo em um momento de crise global e fome. Deus concedeu a esse homem um grande plano para alimentar não só a nação do Egito, mas as muitas nações e povos vizinhos (Gênesis 41).

A INVASÃO DE ISRAEL PELAS NAÇÕES DO CÍRCULO EXTERIOR (EZEQUIEL 38−39)

Essa é a guerra mais importante desse período. Os detalhes foram apresentados pelo profeta Ezequiel. Esse evento também é conhecido como "A guerra de Ezequiel 38 e 39", "A campanha de Gogue e Magogue" e, conforme alguns acreditam, haverá uma

AS GUERRAS DA TRIBULAÇÃO

Terceira Guerra Mundial. Neste livro, designarei essa guerra como a Coalizão das Nações do Círculo Exterior a fim de distingui-la da Guerra Final que também envolverá os nomes de Gogue e Magogue, conforme explicarei no Capítulo 7.

A profecia de Ezequiel está registrada nos capítulos 38 e 39:

> *Veio a mim esta palavra do* SENHOR*: "Filho do homem, vire o rosto contra Gogue, da terra de Magogue, o príncipe maior de Meseque e de Tubal; profetize contra ele e diga: Assim diz o Soberano, o* SENHOR*: Estou contra você, ó Gogue, príncipe maior de Meseque e de Tubal. Farei você girar, porei anzóis em seu queixo e o farei sair com todo o seu exército: seus cavalos, seus cavaleiros totalmente armados e uma grande multidão com escudos grandes e pequenos, todos eles brandindo suas espadas. A Pérsia, a Etiópia e a Líbia estarão com eles, todos com escudos e capacetes; Gômer com todas as suas tropas, e Bete-Togarma, do extremo norte, com todas as suas tropas; muitas nações com você.*
>
> *"Aprontem-se; estejam preparados, você e todas as multidões reunidas ao seu redor, e assuma o comando delas. Depois de muitos dias você será chamado às armas. Daqui a alguns anos você invadirá uma terra que se recuperou da guerra, cujo povo foi reunido dentre muitas nações nos montes de Israel, os quais por muito tempo estiveram arrasados. Trazido das nações, agora vive em segurança"* (Ezequiel 38.1-8).

Descrição da guerra

Primeiro, devemos observar a quem essa profecia é dirigida. Nos versículos 2,3, Deus diz para o profeta virar o rosto contra Gogue, da terra de Magogue. Deus afirma que ele tem um problema com seu príncipe Gogue, o líder da nação ou região chamada Magogue. Deus dá informações mais claras para o profeta sobre quem esse príncipe é: "príncipe maior de Meseque e de Tubal".

É óbvio que Deus tem algumas questões para resolver com esse príncipe e sua terra, a ponto de se envolver em uma batalha contra eles. Os versículos 5,6 mostram que outras nações entrarão nessa guerra. Elas formarão uma coalizão de nações para invadir Israel. Gogue parece ser o líder dessa coalizão.

Quem é Gogue da terra de Magogue, o príncipe maior de Meseque e de Tubal?

No livro de Gênesis, há uma lista dos netos de Noé por intermédio de seu filho Jafé: "Gômer, Magogue, Madai, Javã, Tubal, Meseque e Tirás" (Gênesis 10.2). Os descendentes de Noé, depois do dilúvio, se dispersaram por toda a Ásia, Europa e África. Na profecia de Ezequiel, Gogue é descrito como o Gogue da terra de Magogue, o príncipe de Meseque e de Tubal. Ele é a principal personagem do grande exército que atacará Israel. Enquanto há algumas poucas opções diferentes para identificar esse líder, a ideia que conseguiu reunir a concordância da maioria dos estudiosos é que o líder desse grande exército virá da Rússia. Joel C. Rosenberg, autor de *best-sellers* sobre o fim dos tempos, diz o seguinte sobre Gogue:

> *Esse não é um nome pessoal* [...], *"Gogue" é um título, como "Faraó" ou "Czar". Esse Gogue, por meio da profecia, é descrito como um líder militar, um líder político e um estruturador de uma coalizão*.[1]

Isso é coerente com a descrição apresentada na profecia como "príncipe" e "príncipe maior". Talvez ainda mais esclarecedor que isso seja o foco na terra de onde vem esse "Gogue", a terra de Magogue. O *Hebrew and Chaldee Lexicon* [Léxico hebraico e caldeu] cita o seguinte sobre o que Flávio Josefo, o renomado historiador judeu, de cidadania romana, relatou sobre o povo de Magogue:

---

[1] ROSENBERG, Joel C. What is the "War of Gog and Magog?", <flashtrafficblog>, 10 de maio de 2011. <https://flashtrafficblog.wordpress.com>.

Magogue — nome de um filho de Jafé, Gênesis 10.2; também de uma região e um povo grande e poderoso com o mesmo nome, habitando os recessos do Norte, o qual invadirá em algum momento a Terra Santa, Ezequiel 38 e 39. Temos de compreender exatamente as mesmas nações que o grego engloba sob o nome dos citas (Josefo, Antiguidades judaicas 1.6.1).²

Então, quem eram os citas? O autor Grant R. Jeffrey cita o professor G. Rawlinson, autor de um estudo sobre as tribos e os impérios da Antiguidade do Oriente Médio, para responder a essa pergunta:

> *Os territórios geográficos descritos pelo professor G. Rawlinson e governados pelos citas estão claramente localizados no sul da Rússia, Geórgia e Armênia.*³

Essa informação é mais uma vez consistente com a profecia. Ezequiel nos diz que Gogue virá de um lugar remoto, do Norte (Ezequiel 38.15; 39.2). Geograficamente, se encontrarmos Israel no mapa e olharmos para o Norte, a Rússia é o país mais remoto ao norte em relação a Israel. Eis a lista de outras nações envolvidas nessa coalizão para invadir Israel:

> *"A Pérsia, a Etiópia e a Líbia estarão com eles, todos com escudos e capacetes; Gômer com todas as suas tropas, e Bete-Togarma, do extremo norte, com todas as suas tropas; muitas nações com você"* (Ezequiel 38.5,6).

Quem são essas nações? Os nomes mencionados na profecia são os nomes originais e antigos das nações. Aqui estão os equivalentes

---

² Magog, **Genesius' Hebrew and Chaldee Lexicon**. Baker Book House, 1979.
³ Jeffrey, Grant R. **Armageddon:** Appointment with Destiny. WaterBrook Press, 1997.

do tempo moderno: Pérsia é o **Irã**; Etiópia ou Cuxe é a **Etiópia**; Pute é a **Líbia**; Gômer é a **Alemanha**; e Bete-Togarma é a **Turquia**. A referência às "muitas nações com você" pode indicar outras nações que compartilharão o mesmo propósito dessa coalizão, o qual, conforme 38.11,12, é "despoj[ar] [e] saque[ar]" um povo "que de nada suspeita".

QUADRO 4: AS NAÇÕES DE EZEQUIEL 38.1-6

As terras da Antiguidade	As nações modernas
A terra de Magogue	Rússia
Meseque e Tubal	Algum lugar na Rússia
Pérsia	Irã, Iraque, Afeganistão
Etiópia	Etiópia e Sudão
Líbia	Líbia
Asquenaz	Áustria e Alemanha
Rifate	Europa Oriental
Togarma	Sudeste da Europa — Turquia
"Muitas nações com você"	Várias outras nações aliadas à Rússia

Fonte: Grant Jeffrey, de seu livro *Armageddon: Appointment with Destiny* [Armagedom: encontro com o destino]

Descrição da guerra

Essa guerra ocorrerá provavelmente no início da tribulação, depois que o anticristo for capaz de assegurar um acordo diplomático de paz (talvez pondo fim à guerra das nações do círculo interno no salmo 83). Israel estará "vivendo em segurança" (38.8,14). A Bíblia descreve um período de paz para Israel que durará três anos e meio. O versículo 14 do capítulo 38 diz o seguinte: "Profetize e diga a Gogue: Assim diz o Soberano, o SENHOR: Naquele dia, quando Israel, o meu povo, estiver vivendo em segurança, será que você não vai reparar nisso?" Esta é razão pela qual essa guerra deve ser localizada em algum momento durante o primeiro ano do período de tribulação. Eis outro versículo na profecia que sugere com veemência uma data anterior para a tribulação, após a guerra, em que o povo de Israel usará os destroços das armas dos exércitos de seus inimigos como combustível (39.9b). Isso com certeza fará parte dos últimos dias, conforme esclarecem os versículos a seguir.

"Depois de muitos dias você será chamado às armas. Daqui a alguns anos você invadirá uma terra que se recuperou da guerra, cujo povo foi reunido dentre muitas nações nos montes de Israel, os quais por muito tempo estiveram arrasados. Trazido das nações, agora vive em segurança." (Ezequiel 38.8)

Propósito e estratégia da guerra

A profecia deixa claro que Deus reunirá a coalizão das nações que se levantará contra Israel. As intenções de Deus são para liberar o julgamento contra as nações na coalizão. Lembre-se do contexto ou do momento em que isso ocorrerá no texto anterior (Ezequiel 38.8).

Há uma tensão aqui em relação ao caráter e aos propósitos de Deus. Tenha em mente que, na introdução deste livro, mencionei que está no coração e no plano de Deus trazer a paz mundial. Entenderemos melhor o que está na mente de Deus à medida que considerarmos as palavras do profeta sobre a estratégia de guerra.

"Farei você girar, porei anzóis em seu queixo e o farei sair com todo o seu exército: seus cavalos, seus cavaleiros totalmente armados e uma grande multidão com escudos grandes e pequenos, todos eles brandindo suas espadas." (Ezequiel 38.4)

O **primeiro ponto a ser lembrado é a soberania de Deus.** A estratégia de **Gogue** será a estratégia de **Deus: Gogue** é o líder do Exército de Coalizão, mas é sempre Deus quem está no comando. Deus tem um objetivo aqui. Essa guerra, com certeza, será diferente. Deus porá anzóis no queixo dos líderes dessas nações para fazer que juntas elas se levantem contra Israel. Essa é uma imagem que podemos relacionar com a pesca ou a caça. Então, qual é a isca nessa estratégia de guerra, os anzóis que Ezequiel viu em sua visão?

O segundo ponto é que Deus, quando fala, permite que as coisas aconteçam para testar o que está no coração dos homens. Deus mesmo permitirá que os pensamentos venham à mente de Gogue para invadir a terra de Israel. "Naquele dia virão pensamentos à sua cabeça e você maquinará um plano maligno" (v. 10). Lembre-se que a profecia descreve "uma terra de povoados; [...] um povo pacífico e que de nada suspeita" (v. 11). O plano maligno para essa guerra começará no coração desse líder. Ele desejará saquear e pilhar a prata, o ouro, o gado e os bens dessa terra (v. 13). Israel terá algo que atrairá a Rússia, o Irã, a Alemanha e todas as outras nações da coalizão. É mera especulação imaginar quais riquezas podem provocar uma guerra internacional, mas lembre-se de que a profecia diz que Israel aparenta ser rico para o saque e que não suspeita de nada. Talvez recursos de gás e petróleo sejam descobertos, ou então outras riquezas da terra, conforme prometido por Deus em Gênesis 49.1,2,22-26 e em Deuteronômio 33.13-16. Talvez até mesmo tesouros de conhecimento ou descobertas como as encontradas nas entranhas da terra por arqueólogos serão anzóis ou iscas irresistíveis. É interessante observar que, quando comecei a escrever este livro, li no Twitter que o presidente da Rússia telefonou para o primeiro-ministro de Israel a fim de oferecer proteção e exploração dos campos de gás em Israel. Deixe-me citar essa conversa no Twitter:

AS GUERRAS DA TRIBULAÇÃO

Vladimir Putin fez uma proposta a Israel para que Moscou assumisse a responsabilidade de guardar os campos de gás de Israel no Mediterrâneo junto com uma oferta de um investimento russo de US$7 a US$10 bilhões para desenvolver Leviatã, o maior poço de Israel, e construir um oleoduto até a Turquia para exportar gás para a Europa [...]. A oferta foi feita ao primeiro-ministro Netanyahu em conversa telefônica confidencial e por intermédio de um enviado silencioso.[4]

O quê? Será que Israel pode confiar na Rússia à luz da profecia que estamos examinando? Será que gás e petróleo são os bens que a Rússia buscará? Sem dúvida, estamos vivendo tempos de muita apreensão.

Há guerras se avizinhando na Rússia e Ucrânia, na Coreia do Norte e Coreia do Sul. O Estado Islâmico se espalha pelo Oriente Médio, e os Estados Unidos e a China acusam-se mutuamente de espionagem cibernética por intermédio de *hackers*. As nações investem atualmente em suas agências de inteligência como jamais fizeram. FBI, CIA, SVR RF, MOIS, GIP, Mossad e outros, todos tentam sobrepujar e espionar uns aos outros. Contudo, para essa guerra, Deus estabeleceu sua própria Inteligência EZ3839. Captou a mensagem? Essa é a inteligência que precisamos considerar no que diz respeito a essa guerra. Eis a razão para isso.

A profecia declara que a Rússia desenvolverá um plano maligno (v. 10b) para enganar Israel. A natureza do esquema envolve astúcia e engano. Assim, há motivos para Israel não suspeitar de nada. Hoje em dia, é fácil expor um vídeo feito pelo celular, uma conversa no Twitter ou um *e-mail* roubado e divulgado por um *hacker*. Como a Rússia e seus aliados reunirão as tropas e recursos para pilhar e

---

[4] Debka File, postagem no Twitter, e Israel News (@IsraelNewsNow) retuitou essa postagem em 13 de setembro de 2015.<http://twitter.com/IsraelNewsNow>.

saquear sem que a nação de Israel seja alertada para esse fato? Há uma chance de que Israel ache que será algo bom para o país e o povo. Parece que, se continuarmos a ler o restante da profecia, Israel cairá em uma armadilha preparada pela coalizão das nações. A profecia afirma que as nações serão "como uma nuvem cobrindo a terra" (Ezequiel 38.9) e a batalha acontecerá nos "montes de Israel" (Ezequiel 39.2-4), o que aparentemente só poderia acontecer se elas entrassem em Israel com o disfarce de organizações humanitárias ou para o desenvolvimento de infraestrutura. Ainda assim, há aqueles de nós que vivem em partes do mundo que sabem como nuvens de tempestades fortíssimas podem se avolumar de forma poderosa e inesperada:

> *"Você, todas as suas tropas e as muitas nações subirão, avançando como uma tempestade; você será como uma nuvem cobrindo a terra.* [...]
> *Você avançará contra Israel, o meu povo, como uma nuvem que cobre a terra. Nos dias vindouros, ó Gogue, trarei você contra a minha terra, para que as nações me conheçam quando eu me mostrar santo por meio de você diante dos olhos delas"* (38.9,16).

Como algo pode ser profetizado e, ainda assim, ser inesperado? O propósito da profecia sempre foi duplo: informar aqueles que são humildes e estão dispostos a prestar atenção, e trazer glória ao nome do Senhor ao confirmar que Deus é Deus.

A chave é lembrar que Deus é aquele que provê revelação sobre essa guerra, e que Deus é o líder do exército de Israel. Deus alerta a "Gogue" que Israel foi informado por profetas anteriores sobre o dia em que essa coalizão das nações viria contra os israelitas (Ezequiel 38.16,17). Então, a esperança de qualquer estudioso da profecia é que aqueles que ouvem a profecia não sejam ignorantes nem ingênuos; antes, a tenham em mente; Israel, portanto, deve ter muita astúcia e cuidado em todos os acordos e negócios com a Rússia. Deus diz a Israel para ler e ouvir os profetas de Deus. Eles são os melhores e os mais confiáveis conselheiros.

"É isto que acontecerá naquele dia: Quando Gogue atacar Israel, será despertado o meu furor. Palavra do Soberano, o SENHOR. Em meu zelo e em meu grande furor declaro que naquela época haverá um grande terremoto em Israel. Os peixes do mar, as aves do céu, os animais do campo, toda criatura que rasteja pelo chão e todas as pessoas da face da terra tremerão diante da minha presença. Os montes serão postos abaixo, os penhascos se desmoronarão e todos os muros cairão." (Ezequiel 38.18-20)

Aqui é que a guerra física tem início. Deus agirá por seu zelo por Israel e por causa de seu grande furor (v. 19a). Após os numerosos exércitos com seus equipamentos e armamentos entrarem na terra de Israel, haverá um grande terremoto. E, então, a guerra começará de fato. Imagine um país invasor ser saudado por um terremoto! O terremoto afetará todos os animais da terra e as aves do céu. Os peixes no mar serão afetados tanto quanto as pessoas sobre a face da terra! A profecia declara que eles tremerão diante da presença de Deus (v. 20). Isso pode sugerir que haverá fortes ventos, talvez um furacão ou até mesmo um *tsunami*, algo similar ao que aconteceu com o faraó e seus cavaleiros e carros quando o mar Vermelho se fechou sobre eles. Os egípcios provavelmente ficaram "surpresos" com o movimento repentino do mar. O mesmo acontecerá com essa coalizão. Essas nações terão uma "grande" surpresa ao chegarem à terra pacífica que não espera esse ataque. As montanhas serão postas abaixo (v. 20). A terra invadida não suspeita de nada, mas Deus estará muito ciente dos passos desses invasores!

Esse grande terremoto será algo que a terra jamais registrou. Será provocado pela presença de Deus (v. 20). O Senhor virá para lutar por Israel usando apenas aquilo sobre o que tem domínio — os elementos da natureza. Ele é aquele que comanda os ventos, as águas do mar, as montanhas, o solo e todas as estrelas do Universo que ele mesmo criou.

A segunda parte da guerra é ainda mais dramática.

> *"Convocarei a espada contra Gogue em todos os meus montes. Palavra do Soberano, o* SENHOR. *A espada de cada um será contra o seu irmão."* (Ezequiel 38.21)

Deus trará algum tipo de confusão ou conflito em meio às nações e aos soldados envolvidos nessa guerra; então, eles começarão a lutar uns contra os outros. Deus fará mais uma vez o que fez no passado para salvar Israel, como aconteceu com Gideão repelindo a invasão dos midianitas. A terceira parte da estratégia de Deus para essa guerra vem agora:

> *"Executarei juízo sobre ele com peste e derramamento de sangue; desabarei torrentes de chuva, saraiva e enxofre ardente sobre ele e sobre as suas tropas e sobre as muitas nações que estarão com ele"* (Ezequiel 38.22).

Nesse momento, as pragas serão liberadas, junto com as tempestades de granizo e enxofre ardente, sobre Gogue e todas as tropas das nações que estiverem com ele. Os exércitos e o mundo saberão que Deus estava envolvido. A razão para o julgamento dessas nações é apresentada em Ezequiel 38.23: "E assim mostrarei a minha grandeza e a minha santidade, e me farei conhecido de muitas nações. Então eles saberão que eu sou o SENHOR". Essa ideia é repetida em 39.7: "Farei conhecido o meu santo nome no meio de Israel, o meu povo. Não mais deixarei que o meu nome seja profanado, e as nações saberão que eu, o SENHOR, sou o Santo de Israel".

Esse será o início da demonstração da glória de Deus de maneiras tão explícitas que as nações terão de reconhecer quem é o Senhor. Em outras palavras, essa coalizão das nações liderada pela Rússia se levantará contra Israel como uma tempestade, e Deus, o Senhor *Sabaoth*,[5] preparará uma tempestade para recepcioná-las.

Resultados da guerra

A coalizão das nações será derrotada por Deus nas montanhas de Israel (39.2-6). O local de seu sepultamento será em Israel. Os poderosos líderes dessas nações e suas tropas já têm um lugar para descansar em paz. Isso acontecerá no vale dos Viajantes, ou seja, daqueles que "viajam para o oriente na direção do Mar" (Ezequiel 39.11). Tantas tropas perecerão que Israel precisará de sete meses para enterrar os mortos (39.12).

"Daquele dia em diante a nação de Israel saberá que eu sou o SENHOR, o seu Deus. E as nações saberão que os israelitas foram para o exílio por sua iniquidade, porque me foram infiéis. Por isso escondi deles o meu rosto e os entreguei nas mãos de seus inimigos, e eles caíram à espada." (Ezequiel 39.22,23)

---

[5] *Sabaoth* (heb.), Javé Sabaoth! O SENHOR dos Exércitos. O nome *YHWH* e o título *Elohim* frequentemente ocorrem com a palavra *tzevaot* ou *sabaoth* ("hordas" ou "Exércitos") como em *YHWH Ul-he/Elohe Tzevaot* ("YHWH Deus dos Exércitos"), *Ul-he/Elohe Tzevaot* ("Deus dos Exércitos"), *Adonai YHWH Tzevaot* ("SENHOR YHWH dos Exércitos") e, mais frequentemente, *YHWH Tzevaot* ("YHWH dos Exércitos"). Veja, por exemplo, 1Samuel 4.4, 1Reis 19.10 e Isaías 3.15. Fonte: <https://pt.wikipedia.org/wiki/Nomes_de_Deus_no_judaísmo>. [N. do T.]

A PRÓXIMA JOGADA

COMO SE PREPARAR PARA ESSA GUERRA

Mensagem a Israel

Não faça o que os reis Jeoaquim, Jeconias e Zedequias fizeram quando Jeremias profetizou a eles sobre a iminente invasão de Jerusalém. Jeremias alertou profeticamente esses reis de se arrependerem de seus pecados e não confiarem no Egito. Infelizmente, eles não fizeram isso. Israel, não confie em seus inimigos! Não importa o número de exércitos e armamentos que se reunirão contra você nessa guerra, não os tema. Não há um único versículo dessa profecia que declara que Israel terá de lutar; fique, portanto, de prontidão com seus aviões, mísseis ou até mesmo o Domo de Ferro. O sistema de defesa de Deus é que cuidará dessa guerra. A estratégia de Deus fica em geral oculta dos olhos humanos e dos olhos da nação de Israel. Conforme afirma o rei Salomão: "Confie no SENHOR de todo o seu coração e não se apoie em seu próprio entendimento" (Provérbios 3.5). Só Deus sabe exatamente o que está sendo preparado para aquele dia, mas a profecia de Ezequiel fornece muitos indícios.

A profecia compartilha as boas notícias com o povo de Israel. Eis o que diz o texto:

> *"Então aqueles que morarem nas cidades de Israel sairão e usarão armas como combustível e as queimarão: os escudos, pequenos e grandes, os arcos e flechas, os bastões de guerra e as lanças. Durante sete anos eles as utilizarão como combustível. Não precisarão ajuntar lenha nos campos nem cortá-la nas florestas, porque eles usarão as armas como combustível. E eles despojarão aqueles que os despojaram e saquearão aqueles que os saquearam. Palavra do Soberano, o* SENHOR*"* (Ezequiel 39.9,10).

AS GUERRAS DA TRIBULAÇÃO

Essa seção da profecia mostra claramente que o povo de Israel será protegido. Eles sairão de suas cidades. Na verdade, pilharão o exército saqueador e usarão os destroços dos campos de guerra como combustível. Saquearão aqueles que vieram saqueá-los. Só Deus pode interferir em um evento de tal magnitude e mudar as probabilidades de vitória.

Protejam-se contra o terremoto. Tenham abrigos disponíveis. Implementem um sistema de comunicação para rastrear tempestades e terremotos. Permitam que o povo se prepare para situações como essa. Desenvolvam um sistema de proteção contra terremotos nas suas casas e prédios. Estejam preparados e não sejam pegos de surpresa. O Senhor disse: "E aí vem! É certo que acontecerá. Palavra do Soberano, o SENHOR. Este é o dia de que eu falei" (39.8).

Preparem o país para o esquema de sepultamento que terá de ser usado para enterrar todas as tropas que morrerão nessa guerra. Um plano sistemático tem de ser desenvolvido para limpar a terra (39.12). O governo terá de criar um Ministério de Limpeza e Restauração da Terra para esse momento da História. Esse sistema proverá empregos para o povo da terra (39.13,14). Deus fornece instruções detalhadas sobre como essa limpeza deve funcionar (39.14b-16). Até mesmo as aves do céu terão a tarefa de ajudar na limpeza da terra (39.17-20). Estejam preparados!

A mensagem mais importante para você, Israel, é transmitida por Ezequiel no final dessa profecia. Todas essas palavras são boas-novas para você. Algumas delas podem soar como notícias ruins, mas na realidade são boas-novas. Eis a lista dos benefícios e bênçãos para você, Israel, descritos em Ezequiel 39.21-29:

1. Deus infligirá julgamento e punição contra as nações que se levantarão contra você.

2. Deus demonstrará sua glória em meio às nações.
3. Vocês saberão, desse dia em diante, que o Senhor é o seu Deus.
4. Todas as nações saberão que vocês foram levados para o exílio por causa do seu pecado e da infidelidade para com Deus.
5. Todas as nações saberão que Deus escondeu a face de vocês e permitiu que outras nações os punissem.
6. Deus restaurará depois as suas fortunas e terá compaixão de vocês.
7. Vocês esquecerão a sua vergonha e infidelidade.
8. Vocês saberão que o Senhor é seu Deus.
9. Deus trará de volta todos vocês espalhados por todas as nações.
10. Deus jamais esconderá de novo sua face de vocês.
11. Deus derramará seu Espírito sobre vocês.

*Mensagem a Gogue da Rússia,
Irã e outras nações dessa coalizão*

Estejam plenamente conscientes de que Deus tem questões sérias com vocês, e o Senhor é quem trará a resolução final para esses assuntos. Sejam admoestados de que Deus declara que vem contra vocês. A profecia de Ezequiel descreve o julgamento contra vocês, como também todas as nações e povos que se juntarem a vocês. Um vale inteiro em Israel se transformará no cemitério de seus poderosos exércitos. Prestem atenção e considerem com humildade a linguagem que Deus usa nessa profecia. Ele chama a terra de Israel de "sua terra" e o povo de Israel de "seu povo". Não avancem contra o povo e a terra de Deus. O Senhor é sério a respeito disso. "E aí vem! É certo que acontecerá. Palavra do Soberano, o Senhor. Este é o dia de que eu falei" (Ezequiel 39.8).

Não sejam pegos de surpresa! Não sejam pegos em uma tempestade apocalíptica na qual todos seus soldados e armamentos serão destruídos. Essa será uma viagem sem retorno. Vocês foram alertados através do milênio!

Há apenas uma esperança para vocês. Caso se arrependam e depositem a sua confiança em Deus, ele pode perdoá-los. Leiam o que outro profeta escreveu especialmente para as nações da terra que conspiram e tramam contra Deus e seu povo:

> *Por que se amotinam as nações*
> *e os povos tramam em vão?*
> *Os reis da terra tomam posição*
> *e os governantes conspiram unidos*
> *contra o* SENHOR *e contra o seu ungido,*
> *e dizem:*
> *"Façamos em pedaços as suas correntes,*
> *lancemos de nós as suas algemas!"*
> *Do seu trono nos céus*
> *o* SENHOR *põe-se a rir e caçoa deles.*
> *Em sua ira os repreende*
> *e em seu furor os aterroriza, dizendo:*
> *"Eu mesmo estabeleci o meu rei*
> *em Sião, no meu santo monte".*
>
> *Proclamarei o decreto do* SENHOR*:*
> *Ele me disse: "Tu és meu filho;*
> *eu hoje te gerei.*
> *Pede-me, e te darei as nações como herança*
> *e os confins da terra como tua propriedade.*
> *Tu as quebrarás com vara de ferro*
> *e as despedaçarás como a um vaso de barro".*
> *Por isso, ó reis, sejam prudentes;*
> *aceitem a advertência, autoridades da terra.*

Adorem o Senhor com temor;
exultem com tremor.
Beijem o filho, para que ele não se ire
e vocês não sejam destruídos de repente,
pois num instante acende-se a sua ira.
Como são felizes todos os que nele se refugiam! (Salmos 2).

Esse salmo foi escrito para uma população específica e especial, os reis da terra. Deus conhece o coração deles e também como o orgulho e o poder tentam muitos corações a abraçar os planos malignos. Deus conhece as tramas e as conspirações, mesmo que sejam concebidas em recintos secretos. Por fim, o orgulho da ambição sem dar glória a Deus é uma atitude contra Deus e seu Ungido, o Messias, Jesus Cristo, ou seu povo, Israel, Sião. Deus ri das tramas dos homens. Estes lutam contra Deus. Seu Rei dos reis já está destinado a vir e reinar, sediado em Sião, mas o Senhor é tão misericordioso e gracioso que ainda dá uma chance aos reis da terra (v. 10-12).

E essa é uma oportunidade para eles se tornarem sábios, temerem e servirem ao Senhor, submetendo-se a ele. "Beijem o filho", orienta o salmo; isso significa se submeter a Jesus Cristo como Rei sobre todos os reis. O salmo termina com uma promessa de bênção: "Como são felizes todos os que nele se refugiam!".

Embora essa seja uma profecia relacionada ao fim dos tempos, creio que Deus pode mudar os resultados. Toda profecia é dada com a intenção de levar os homens a se arrependerem.

"Agora, porém", declara o Senhor,
  "voltem-se para mim
  de todo o coração,
  com jejum, lamento e pranto."

> *Rasguem o coração e não as vestes.*
> *Voltem-se para o SENHOR,*
> *o seu Deus,*
> *pois ele é misericordioso e compassivo,*
> *muito paciente e cheio de amor;*
> *arrepende-se e não envia a desgraça.*
> *Talvez ele volte atrás, arrependa-se,*
> *e ao passar deixe uma bênção.*
> *Assim vocês poderão fazer*
> *ofertas de cereal*
> *e ofertas derramadas*
> *para o SENHOR, o seu Deus".* (Joel 2.12-14)

O povo de Nínive e seu rei arrependeram-se quando ouviram o profeta Jonas anunciando o julgamento que Deus traria sobre eles. Eles se arrependeram e confiaram na misericórdia e no perdão de Deus.

> *Então fez uma proclamação em Nínive:*
> *"Por decreto do rei e de seus nobres:*
> *Não é permitido a nenhum homem ou animal, bois ou ovelhas, provar coisa alguma; não comam nem bebam! Cubram-se de pano de saco, homens e animais. E todos clamem a Deus com todas as suas forças. Deixem os maus caminhos e a violência. Talvez Deus se arrependa e abandone a sua ira, e não sejamos destruídos".*
> *Tendo em vista o que eles fizeram e como abandonaram os seus maus caminhos, Deus se arrependeu e não os destruiu como tinha ameaçado.* (Jonas 3.7-10)

Confiem nele! Experimentem isso! Ele é o Senhor Deus todo-poderoso.

Uma nota final: Satanás não é mencionado nessa terra. Essa informação é importante porque faz a distinção entre esse Gogue

da guerra de Magogue e o Gogue **e** a guerra de Magogue que acontecerá no fim dos tempos, após o reino milenar da paz de Cristo na terra. Essa última guerra será provocada por Satanás, conforme veremos no Capítulo 7.

5

UMA GUERRA NA METADE DO PERÍODO DA TRIBULAÇÃO

UMA GUERRA NO CÉU (APOCALIPSE 12.7-12)

Essa será uma guerra entre dois exércitos incomuns: o exército de Satanás e o exército do arcanjo Miguel. Essa guerra no céu é descrita pelo apóstolo João no livro de Apocalipse e acontece exatamente na metade do período de tumultos seriíssimos na terra. Ela ocorrerá bem na metade do pior período histórico para Israel, e Deus enviará Miguel e seu exército para intervir e proteger a nação. A intervenção de Deus acontecerá provavelmente em resposta às orações de Israel e do povo vivendo na terra nesse momento, que estará clamando pelo nome de Deus. No livro de Apocalipse, vemos essa dinâmica. Quando as orações dos santos são apresentadas diante de Deus, ele age de imediato em favor deles (Apocalipse 8.3,4).

O poderoso arcanjo Miguel será levantado por Deus para essa hora. Deus mostrará que seu poder é maior que o poder do inimigo. O profeta Daniel teve uma visão que envolvia um grande conflito. Ele recebeu a visitação de um anjo que revelou informações valiosíssimas, um "segredo sigiloso", para seu povo. O anjo lhe disse que havia um príncipe designado por Deus para a nação (Daniel 10.21). Daniel ficou sabendo que nos últimos dias seu povo enfrentaria grande sofrimento, e, naquele momento, esse príncipe agiria em favor de Israel.

> *"Naquela ocasião Miguel, o grande príncipe que protege o seu povo, se levantará. Haverá um tempo de angústia como nunca houve desde o início das nações até então. Mas naquela ocasião o seu povo, todo aquele cujo nome está escrito no livro, será liberto."* (Daniel 12.1)

Daniel recebeu essa revelação durante o reinado de três anos de Ciro, rei da Pérsia, onde se localiza o Irã moderno (Daniel 10.1). Acredito que há aqui uma palavra para os governantes de Teerã. Deus revelou sua palavra e seu poder ao rei e à nação da Pérsia durante a época de Daniel. Portanto, o Irã tem em sua história o testemunho do poder de Deus e foi alertado de que Deus ama seu povo e cuida da nação de Israel.

O cumprimento da visão de Daniel é demonstrado no livro de Apocalipse pelo apóstolo João. Leiamos a profecia a seguir.

A profecia

> *Houve então uma guerra nos céus. Miguel e seus anjos lutaram contra o dragão, e o dragão e os seus anjos revidaram. Mas estes não foram suficientemente fortes, e assim perderam o seu lugar nos céus. O grande dragão foi lançado fora. Ele é a antiga serpente chamada*

UMA GUERRA NA METADE DO PERÍODO DA TRIBULAÇÃO

Diabo ou Satanás, que engana o mundo todo. Ele e os seus anjos foram lançados à terra.

Então ouvi uma forte voz dos céus, que dizia:
"Agora veio a salvação,
　o poder e o Reino
　do nosso Deus,
　e a autoridade do seu Cristo,
　pois foi lançado fora
　o acusador
　dos nossos irmãos,
　que os acusa diante
　do nosso Deus, dia e noite.
Eles o venceram
　pelo sangue do Cordeiro
　e pela palavra do testemunho
　　que deram;
　diante da morte,
　não amaram a própria vida.
Portanto, celebrem-no, ó céus,
　e os que neles habitam!
Mas ai da terra e do mar,
　pois o Diabo desceu até vocês!
Ele está cheio de fúria,
　pois sabe que lhe resta
　pouco tempo".

Descrição da guerra

Acredito que essa guerra é a mais poderosa e incomum entre aquelas descritas no livro de Apocalipse. É uma guerra que acontece no reino do céu, não na terra. Ela marca uma divisão do período de tribulação na terra. Essa guerra acontece exatamente no fim da primeira metade da tribulação, na metade dos sete anos. O resultado dessa guerra terá repercussões dramáticas na terra e dará início à segunda metade da tribulação, chamada de grande tribulação.

O que mais aprecio na descrição dessa guerra é que o apóstolo João viu o dragão, Satanás, ficar mais fraco. Este não tinha força suficiente para manter sua posição. Ele tentou resistir contra o exército de Miguel, mas foi derrotado e perdeu seu lugar nos reinos celestiais.

Propósito da guerra

O propósito dessa guerra é deixar claro quem está no comando, apesar dessa grande demonstração de autoridade e poder sobre o mundo e o Universo. A profecia declara a autoridade e o poder do Messias, os quais serão claramente demonstrados. Satanás e seu exército de demônios serão destronados dos lugares celestiais como uma marca definidora da derrota final que Deus preparou para eles. Satanás, desse momento em diante, só decairá cada vez mais até chegar ao abismo (2Pedro 2.4,11; Lucas 8.30-32; Judas 1.6,13; Apocalipse 9.1-21; 11.7; 17.8), um lugar preparado para ele e seus demônios. Em algum momento posterior, ele será lançado no lago de fogo por toda a eternidade (Apocalipse 20.10-15; 21.8; 14.9-11; 20.10; Mateus 5.22; 10.28; 25.45,46; Lucas 12.5), onde ele permanecerá junto com o anticristo, o falso profeta, a morte, o inferno e todos os que rejeitam Deus e seu Filho; eles serão entregues à ira eterna de Deus (João 3.36).

Quando e onde acontecerá essa guerra?

O profeta Daniel nos fornece a linha do tempo mais clara para esses eventos. Daniel 12 foi a profecia original que discutimos para entender essa guerra. Daniel foi informado pelo anjo sobre esse tempo de angústia e tristeza; João, nas profecias de Apocalipse, posiciona essa guerra bem no meio da tribulação. O ponto crucial dessa guerra, de acordo com a descrição de João, parece acontecer quando Satanás é lançado para fora do céu pelas mãos de Miguel e seus anjos, sendo assim expulso por Deus. O céu mencionado aqui é o segundo céu, ou os reinos celestiais aos quais Satanás e seus anjos têm acesso (veja o quadro "A geografia de Apocalipse", nas páginas 21-23 para entender melhor as características do segundo céu).

Os exércitos envolvidos na guerra

O exército do arcanjo Miguel

Essa guerra é entre o exército de Satanás e o exército do arcanjo Miguel. De modo distinto da maioria das outras guerras que detalhamos neste livro, essa guerra acontece diretamente entre anjos poderosos. A guerra é vencida pelo exército do arcanjo Miguel, que, em nome de Deus, luta por Israel. Uma leitura completa de Apocalipse mostra que os anjos de Deus, como aqueles liderados por Miguel, lutarão com celebração em seu coração. Eles sabem que essa é uma guerra para demonstrar o poder de Deus e alcançar uma vitória relevante.

O exército do dragão

O dragão, um simbolismo usado por João em sua descrição, refere-se de fato a Satanás. Este, de acordo com a visão de João, mantém um exército de anjos demoníacos baseados no segundo céu. O apóstolo Paulo explica que Satanás, daquele lugar, organiza seus ataques contra os seres humanos para mantê-los sob seu domínio e distantes de Deus, seu Criador. Essa posição nos reinos celestiais lhe dá a possibilidade especial de influenciar os seres humanos e ter poder sobre eles. Contudo, essa é uma posição menor daquela que ele detinha antes. A Bíblia revela que Satanás, antes chamado

Lúcifer, costumava viver com Deus no terceiro céu. Ele tinha uma posição especial como querubim de Deus, mas o pecado do orgulho e a rebelião se encontravam em seu coração, e ele foi expulso do terceiro céu. Quando ele foi expulso, levou consigo um terço dos anjos. Estes formam seu exército de demônios. Eles se estabeleceram no segundo céu, o reino espiritual de onde Satanás atua no momento.

É importante observar que Jesus já derrotou Satanás quando morreu na cruz. Não existe nenhum outro lugar, exceto a terra, onde exista essa guerra que pede o auxílio dos anjos de Deus. Todos os outros lugares estão em paz, porque se submetem ao reino e domínio de Deus. Só a humanidade ainda resiste e desafia a soberania de Deus, o Criador de tudo e de todos nós.

Os resultados da guerra

Os resultados da guerra e suas consequências são bem detalhados nesta passagem das Escrituras:

> *O grande dragão foi lançado fora. Ele é a antiga serpente chamada Diabo ou Satanás, que engana o mundo todo. Ele e os seus anjos foram lançados à terra.*
>
> *Então ouvi uma forte voz dos céus, que dizia:*

"Agora veio a salvação,
　o poder e o Reino
　do nosso Deus,
e a autoridade do seu Cristo,
　pois foi lançado fora
　o acusador
　dos nossos irmãos,
que os acusa diante
　do nosso Deus, dia e noite.

UMA GUERRA NA METADE DO PERÍODO DA TRIBULAÇÃO

> *Eles o venceram*
> *pelo sangue do Cordeiro*
> *e pela palavra do testemunho*
> *que deram;*
> *diante da morte,*
> *não amaram a própria vida.*
> *Portanto, celebrem-no, ó céus,*
> *e os que neles habitam!*
> *Mas ai da terra e do mar,*
> *pois o Diabo desceu até vocês!*
> *Ele está cheio de fúria,*
> *pois sabe que lhe resta*
> *pouco tempo"* (Apocalipse 12.9-12).

Para Satanás e seu exército

A consequência dessa guerra será a expulsão derradeira e total de Satanás e seus demônios dos reinos celestiais, onde eles tinham liberdade para agir até aquele momento. Satanás está no processo de queda livre que só terminará quando ele se fixar em sua residência final no lago de fogo (Apocalipse 20.10). Essa guerra no céu contra o exército de Miguel revela como ocorrerá a segunda queda de Satanás e seu exército. Seu exército é descrito como não sendo forte o suficiente para enfrentar o exército de Miguel. Se você se lembrar, Satanás, quando expulso do céu, foi acompanhado por um terço da população dos anjos. Seu exército é menor que o exército piedoso dos anjos de Deus. Satanás, depois dessa derrota, perderá seu lugar no segundo céu e será lançado à terra. Isso causará uma nova dinâmica desesperada quando Satanás for forçado a abandonar os lugares celestiais depois dessa guerra. Ele perderá seu domínio e controle nos reinos celestiais. Grande parte de seu poder agora vem por causa de sua posição no espaço territorial, mas depois ele perderá tudo isso.

Essa queda é apenas uma extensão de seu julgamento e derrota; ele já foi derrotado na cruz por Jesus Cristo. Essa expulsão do segundo céu será um novo passo em direção à derrota total e derradeira de Satanás, a derrota para todo o sempre. Ele não mais será o príncipe deste mundo e terá de descer à terra para convencer os reis e os líderes das nações a se juntarem a ele contra Israel e aqueles que chamam pelo nome do Senhor. Ele, nesse momento, terá apenas a terra para tentar controlar, e essa é a razão pela qual sua fúria e sua estratégia focarão contra Israel e o povo de Deus.

Para o céu

João ouviu vozes no céu se regozijando e celebrando porque Satanás, o demônio, o acusador daqueles que servem a Deus, fora expulso dos lugares celestiais. O tempo de Satanás perder seu poder e autoridade como governante do mundo terá por fim chegado. Seu tempo como príncipe deste mundo também chegará ao fim. Quem são esses se regozijando no céu? João ouviu uma voz dizendo que eles haviam derrotado o demônio pelo sangue do Cordeiro, pela palavra dos testemunhos deles e por não terem amado a vida a ponto de evitar a morte. Isso nos dá uma percepção até mesmo de como podemos vencer Satanás agora, ou seja, ao não fazer concessões nos valores piedosos nem no testemunho da fé que vêm da crença no poder salvífico do sangue do Cordeiro de Deus. Essas pessoas são os mártires que morrerão durante o período da tribulação. Eles se regozijarão por causa do Messias, o Cordeiro de Deus, que será exibido em glória diante dos anjos caídos e do povo da terra.

Para as pessoas da terra e para a própria terra

Enquanto o céu e aqueles que ali habitam celebram, o cenário na terra é muito diferente.

"*Mas ai da terra e do mar,
pois o Diabo desceu até vocês!
Ele está cheio de fúria,
pois sabe que lhe resta
pouco tempo.*" (Apocalipse 12.12)

Os efeitos da queda de Satanás serão sentidos de forma veemente na terra. A profecia alerta aos habitantes da terra que Satanás ficará furioso porque, nesse momento, seu tempo será curto, e ele sabe disso. Embora seja uma péssima notícia que ele, com toda a sua fúria, estará fisicamente presente na terra, a boa notícia é que ele terá apenas três anos e meio para realizar seus objetivos. Seu reino terá curta duração e depois ele será posto em uma prisão preparada para ele, o Abismo, por mil anos.

Essa guerra afetará o equilíbrio da ecologia atual. É como se a terra saísse de sua órbita regular; as mudanças serão dramáticas. A órbita espiritual da terra, de uma forma muito real, será totalmente transformada. A dinâmica e a posição de todas as coisas criadas permaneceram praticamente as mesmas desde a criação e em especial desde a queda de Adão e Eva. Deus criou a terra e a confiou à humanidade. Ele deu aos seres humanos a tarefa de administrar e gerenciar a terra para que não se transformasse em um caos. As pessoas nascem na terra desde essa época, e tudo continua relativamente o mesmo, exceto pelo período do dilúvio na época de Noé e pela mudança clara nessa dinâmica pelas ações de Jesus Cristo na cruz.

Conforme mencionei anteriormente, depois dessa guerra, Satanás será lançado na terra. Ele perderá sua posição no segundo céu, e todas as coisas mudarão dramaticamente. Satanás, desse ponto em diante, passará a ser um habitante da terra, junto com seus anjos caídos. O segundo céu ficará livre dele, mas ele estará na terra, um território que não foi criado nem designado para ele, mas para o ser humano. A mudança do campo de base de Satanás também transformará a situação da terra; todas as suas operações acontecerão daqui. Nada será o mesmo.

Examine a geografia de Apocalipse (páginas 21-23), uma geografia universal incluindo a realidade dos reinos espirituais. Nesse quadro, é possível ver que os seres humanos vivem na terra; Satanás e seus exércitos habitam no segundo céu; e Deus e seus anjos, no terceiro céu. O primeiro inferno, Hades, é para onde são levadas as pessoas que morreram sem Deus. O segundo inferno é o Abismo, a prisão onde os anjos caídos liderados por Apoliom, um chefe militar demoníaco, e seu exército maligno, serão presos. Eles só serão liberados durante a tribulação (Judas 1.6; Apocalipse 9.1-6). O lago de fogo, o terceiro inferno, criado para Satanás e os anjos que o seguiram, está vazio atualmente. Ele ficará totalmente povoado no fim dos tempos quando o anticristo, o falso profeta e o dragão serão lançados ali para sempre. Infelizmente, esse lugar também será a residência final e eterna de todos os que rejeitam Deus e seu Filho Jesus Cristo. Isso acontecerá após o julgamento final, quando o próprio Deus pronunciará o veredito sobre a humanidade rebelde. É chamado o dia do "Julgamento do Trono Branco". Assim, a "ecologia" dessas coisas que estiveram em operação desde o princípio do mundo mudará drasticamente com a queda de Satanás e de seu exército baseado no segundo céu. No devido tempo, também durante a grande tribulação, a outra parte do exército demoníaco de Satanás, vivendo no momento no Abismo, será liberada para se juntar a seus companheiros demônios que estarão vivendo na terra.

Retornando ao momento em que Satanás e seus exércitos são lançados na terra, o profeta Zacarias descreve algumas das mudanças que ocorrerão (Zacarias 12—14). João também viu alguns desses

UMA GUERRA NA METADE DO PERÍODO DA TRIBULAÇÃO

efeitos, os quais são descritos no livro de Apocalipse. Haverá um poderoso conflito de todos esses anjos caídos que habitarão a terra, onde só os seres humanos deveriam viver. O que acontecerá naquele momento será muito dramático. Em Mateus 24, Jesus falou sobre os últimos dias: "Se aqueles dias não fossem abreviados, ninguém sobreviveria" (v. 22). Deus abreviará os dias por causa dos eleitos, o povo de Israel, que estarão na terra nesse momento. Muito do sofrimento que ocorrerá durante esses três anos e meio acontecerá por causa das mudanças na atmosfera física da terra. Todos os seres humanos no mundo — em razão do aquecimento global e das consequências das ações humanas, como também por causa da poluição da terra — serão expostos a altos níveis de contaminação causada pelos gases, carbono e elementos químicos liberados na atmosfera. A terra, além desse tipo de poluição, também enfrentará a poluição espiritual. Será uma poluição espiritual muito pesada, em extensão e intensidade jamais vistas. A atmosfera espiritual da terra será então exposta às ações de milhões de anjos caídos que serão convocados para se reunirem na terra nesse mesmo tempo, o período da grande tribulação. Satanás, junto com essa reunião de anjos caídos, agirá com toda a sua fúria contra os habitantes da terra, em especial contra aqueles que pertencem a Deus, ou algo relacionado ao nome de Deus (2Tessalonicenses 2; Apocalipse 12.17).

Essa é uma razão importante para a Igreja não estar na terra nesse momento. Deus não permitirá que sua Igreja compartilhe a terra com esse imenso exército de demônios. Esses demônios não tiveram permissão para ficar no terceiro céu nem no segundo céu, pois são os seres mais ímpios e perversos existentes. A terra estará experimentando um sabor de inferno, e a Igreja de Jesus Cristo não terá de passar por tudo isso. A Igreja foi resgatada e salva da ira futura que virá sobre o mundo. Da mesma forma que Deus salvou Noé e aqueles que estavam com ele, escondendo-os na arca para que não enfrentassem o julgamento de Deus sobre a terra, o mesmo acontecerá com sua Igreja. Ele terá o cuidado de tirar sua Igreja deste mundo antes que a fúria de Satanás corra solta por toda a terra. Louvado seja Deus por sua redenção!

Para Israel

A profecia especifica que a fúria do demônio será direcionada contra Israel, seus descendentes e todos os que tenham algo que ver com Deus. Na visão de João, descrita em Apocalipse 12, ele viu uma mulher e um dragão. Esses eram os símbolos de Israel e Satanás, respectivamente. A mulher está vestida de sol, com a lua a seus pés e a coroa de doze estrelas na cabeça. Essa é a forma com que a nação de Israel é retratada simbolicamente no livro de Apocalipse. Essa mulher tem um lugar de honra; ela é da realeza. José, o governador do Egito, um pouco antes do êxodo de seu povo para Canaã, teve um sonho profético a respeito. Seu pai e irmãos não entenderam isso naquele momento, mas Deus lhe deu um sonho que revelou muitíssimo sobre a nação que Deus estava criando (compare Apocalipse 12 com Gênesis 37.5-11).

João também viu o dragão, Satanás, caindo do céu e trazendo com ele um terço dos anjos. João viu quando o dragão ficou em frente à mulher, grávida, para devorar seu filho. A visão descreve como o dragão tentou perseguir a criança que governará todas as nações, o Messias, Jesus Cristo. Essa visão é muito relevante porque mostra a ousadia de Satanás para lutar contra Israel e seus descendentes, incluindo o Messias. Essa visão revela o fato de que aqueles que se levantarem contra Israel estão de fato tomando o lugar do dragão. O dragão tentará fazer tudo o que estiver em seu poder, mas será um poder limitado, para reunir as nações da terra contra Israel.

UMA GUERRA NA METADE DO PERÍODO DA TRIBULAÇÃO

Todavia, Israel, você deve saber que, nesse momento, Deus abrirá o caminho para você fugir para o deserto, para um lugar preparado por Deus, onde você será sustentado por 1.260 dias ou três anos e meio:

A mulher fugiu para o deserto, para um lugar que lhe havia sido preparado por Deus, para que ali a sustentassem durante mil duzentos e sessenta dias (Apocalipse 12.6).

Quando o dragão foi lançado à terra, começou a perseguir a mulher que dera à luz o menino. Foram dadas à mulher as duas asas da grande águia, para que ela pudesse voar para o lugar que lhe havia sido preparado no deserto, onde seria sustentada durante um tempo, tempos e meio tempo, fora do alcance da serpente. Então a serpente fez jorrar da sua boca água como um rio, para alcançar a mulher e arrastá-la com a correnteza. A terra, porém, ajudou a mulher, abrindo a boca e engolindo o rio que o dragão fizera jorrar da sua boca. O dragão irou-se contra a mulher e saiu para guerrear contra o restante da sua descendência, os que obedecem aos mandamentos de Deus e se mantêm fiéis ao testemunho de Jesus (Apocalipse 12.13-17).

Israel! Não tema, porque Deus cuidará de você por esses três anos e meio de ira feroz, apesar da perseguição do dragão. Saiba que essa perseguição de Satanás contra você será temporária, e Israel obterá vitória no final.

Jesus Cristo também descreveu aqueles dias e deu instruções para Israel. Preste atenção nos três primeiros sinais sobre os quais ele alerta. Quando os vir, siga as instruções de Jesus. Preparei um quadro para facilitar a compreensão das instruções.

QUADRO 5: AS INSTRUÇÕES DE CRISTO PARA ISRAEL SOBRE O PERÍODO DA TRIBULAÇÃO (MATEUS 24.15-44)

Israel deve observar:	Então Israel deve:	As Escrituras:
Primeiro sinal: O anticristo senta-se no lugar santo (o templo em Jerusalém).	Então fuja para a montanha para orar que não seja no inverno. Haverá grande sofrimento jamais visto antes (a tribulação). Não creia nos falsos messias que aparecerão.	Mateus 24.15-28
Segundo sinal: Após grande angústia (grande tribulação), o sinal de Cristo aparecerá no céu.	Então, o seu Messias virá de forma gloriosa e visível. A destruição da natureza acontecerá. Todas as nações do mundo lamentarão — você verá o seu Messias vindo nas nuvens do céu com grande poder e grande glória. Creia e receba o seu Messias!	Mateus 24.29,30
Terceiro sinal: Os anjos de Cristo reunirão seus eleitos dos quatro ventos.	Prepare-se para a reunião com os anjos de Cristo quando chegar o momento de você vir para Jerusalém. Fique alerta: a mesma geração testemunhará todos esses eventos.	Mateus 24.31-44

Fonte: CALHEIROS (p. 68)

Israel, saiba que sua salvação mais uma vez vem de Deus. Leia e estude a Palavra de Deus e obedeça a ela. Siga as instruções para o tempo de angústia.

Essa guerra revelará como Deus conduzirá os assuntos deste mundo no fim dos tempos; como a soberania, a autoridade e o poder do Senhor estão acima de qualquer poder, e como ele exaltou seu Filho como Rei dos reis e Senhor dos senhores sobre todas as nações.

AS GUERRAS DA GRANDE TRIBULAÇÃO

A COALIZAÇÃO G7 PARA A DEFESA DE ISRAEL (MIQUEIAS 5.1-11)

O profeta Miqueias descreve a reunião de uma coalizão das nações com um propósito incomum. Deus estará preparando um grupo de nações, algo similar ao G7, para apoiar a nação de Israel contra a ira do anticristo e de Satanás. Devemos ler a profecia a fim de compreender o que ela contém, antes de vermos os detalhes de quando e por que essa coalizão de defesa G7 agirá em favor de Israel.

A fim de nos ajudar a compreender o texto, insiro explicações em meio aos versículos. Tenha em mente que as profecias dadas com frequência têm seu cumprimento se estendendo ao longo de períodos do tempo. Muitas vezes um profeta falava sobre um evento para seus dias em um versículo, sobre um evento em outro século no versículo seguinte e sobre o fim dos tempos em um terceiro versículo. Isso é o que acontece com essa profecia específica. Miqueias, quando proferiu e escreveu a profecia a seguir, por volta de 737-696 a.c., descreve o que ele viu de antemão, eventos que teriam cumprimento tanto em curto prazo quanto em longo prazo.

A profecia

Reúna suas tropas,
ó cidade das tropas,
pois há um cerco contra nós.
O líder de Israel será ferido na face,
com uma vara.

O Senhor dos Exércitos está no comando do exército a ser organizado e "re[unido]". Ele fala com Jerusalém quando a chama de "cidade das tropas". O profeta anuncia que será feito um cerco contra Jerusalém. Um cerco é uma guerra sendo desenhada e esperada. Deus ordenou que o exército de Israel se preparasse para defender Jerusalém. Não fica claro com base nesse versículo quando acontecerá o cerco. Matthew Henry tem uma percepção interessante sobre o que o exército ou exércitos podem estar respondendo a essa guerra que se avizinha:

> *É uma convocação para os inimigos de Sião que tinham tropas a seu serviço, para vir e fazer o pior contra ela, ou um desafio para os amigos de Sião que também tinham tropas sob seu comando para vir e fazer o melhor por ela.*[1]

O versículo menciona um governante de Israel que será ferido na face com uma vara. Parece deixar implícito que a liderança de

---

[1] HENRY, Matthew. "Chapter 5", Micah, **Matthew Henry's Complete Bible Commentary**.

Israel seria derrotado e desonrado nesse ataque. Assim, quem é o governante de Israel? Conforme revelam os versículos seguintes, o governante de Israel é o Messias; é razoável entender que o primeiro versículo também pode se referir a ele. A Bíblia revela que, antes que ele se torne o governador, o rei soberano, o Messias, teria de sofrer por Israel e por todo o mundo (João 1; Lucas 2.25-38; Filipenses 2.5-11).

> *"Mas tu, Belém-Efrata,*
> *embora pequena*
> *entre os clãs de Judá,*
> *de ti virá para mim*
> *aquele que será*
> *o governante sobre Israel.*
> *Suas origens estão no passado distante,*
> *em tempos antigos."*

Essa seção da profecia é muito importante, porque traz à luz detalhes específicos sobre o Messias, que será o governador sobre Israel. A afirmação de que suas "origens estão no passado distante, em tempos antigos" é uma referência àquele que é desde o princípio. Ele é eterno, ele é Deus. Há uma maravilhosa relevância profética relacionada a esse versículo porque ele afirma que o Messias nascerá em Belém, do clã de Judá. O cristianismo crê que essa parte da profecia já aconteceu, e eu também creio, quando Jesus Cristo nasceu em Belém mais de dois mil anos atrás (João 8.58). Essa foi uma palavra séria que Deus trouxe à nação de Israel por intermédio de seu profeta. Logo após dizer que haveria um cerco contra Jerusalém, ele lhes dá uma razão para esperança. Eles devem saber que, embora o cerco seja uma má notícia, também havia boas notícias. O governante de Israel, o esperado Messias da nação de Israel, aquele que existe desde a eternidade, viria a este mundo para governar Israel e ser o libertador da nação. Ele lutará por Israel no momento correto:

> *"Por isso os israelitas serão abandonados*
> *até que aquela*
> *que está em trabalho de parto*
> *dê à luz.*
> *Então o restante dos irmãos*
> *do governante*
> *voltará para unir-se aos israelitas".*

Do versículo 1 ao versículo 3, o profeta salta séculos da História e antevê um tempo em que Israel conhecerá o abandono. Essa é uma referência ao tempo do exílio, quando Israel sentiu que Deus estava distante deles. Eles estavam no exílio e foram governados por outras nações, incluindo a Babilônia e, mais tarde, Roma. Esse foi o período em que Deus escolheu trazer seu Filho ao mundo, conforme explicado antes. Miqueias, depois de falar sobre esse episódio, dá mais um salto na metade do mesmo versículo, passando para o momento em que o povo de Israel retornou e fez seu *Aliyot* para seu país. Esse episódio refere-se aos tempos atuais. Os judeus de todo o mundo, desde 14 de maio de 1948, estão retornando para Israel. É notável observar que estamos testemunhando e vivendo no período dessa profecia. Esse é o momento histórico em que nos encontramos, enquanto escrevo este livro. O versículo 4 é crucial, porque acredito que estabelece um contexto cronológico para os versículos seguintes; eles se referem ao futuro, um futuro próximo, assim creio.

> *Ele se estabelecerá e os pastoreará*
> *na força do SENHOR,*

na majestade do nome do SENHOR,
o seu Deus.
E eles viverão em segurança,
pois a grandeza dele
alcançará os confins da terra.

Esse versículo fala sobre a missão do Messias para Israel em uma época de ameaça de outras nações. O Messias estabelecerá a nação de Israel e a "pastoreará"; será a força dessa nação, garantindo a segurança e a paz. O versículo afirma que "a grandeza dele alcançará os confins da terra". Que bela imagem! Ouvir as notícias, ler os tuítes, seguir as imagens na televisão e por intermédio das mídias sociais, será que algum de nós, com toda a honestidade, pode dizer que imaginou isso para Israel? Jerusalém tem sido a mais invejada e a mais conflituosa cidade na história do mundo. E essa é a razão pela qual Jerusalém e Israel são tão essenciais para aqueles que têm fé em Deus e na palavra profética. No versículo 4 da profecia, Deus queria assegurar a Israel e à cidade de Jerusalém que ele estará lá como um pastor, cuidando da vida deles; essa promessa é uma razão para permitir que o medo e a ansiedade se dissipem. Essa deve ser a fonte da força de Israel para a batalha. O rei Davi costumava mencionar que Deus fortalecera seus braços para as batalhas que ele precisava travar. E, por fim, a paz e a segurança real virão para Israel. A tradução da *Nova Versão Internacional* das Escrituras chega a concluir essa seção com a primeira parte do versículo 5: "Ele será a sua paz".

O profeta revela aqui que haverá um novo tempo vindo para toda a terra; o Messias governará de Israel, e toda a terra conhecerá seu nome, sua majestade e sua grandeza (final do v. 4). Miqueias refere-se ao reino de mil anos de Jesus Cristo, o Messias, conhecido com frequência como o milênio. Essa profecia é a razão pela qual o povo de Israel tem de esperar pela paz. O reino será restaurado para eles. Os discípulos fizeram a seguinte pergunta a Jesus Cristo após sua ressurreição: "Senhor, é neste tempo que vais restaurar o reino a Israel?" (Atos 1.6), mas a profecia, imediatamente após essa promessa de paz, retorna à imagem da guerra:

> *Ele será a sua paz.*
> *Quando os assírios*
> *invadirem a nossa terra*
> *e marcharem sobre as nossas fortalezas,*
> *levantaremos contra eles sete pastores,*
> *até oito líderes escolhidos.*
> *Eles pastorearão a Assíria*
> *com a espada,*
> *e a terra de Ninrode*
> *com a espada empunhada.*
> *Eles nos livrarão quando os assírios*
> *invadirem a nossa terra,*
> *e entrarem por nossas fronteiras.*

Essa é uma seção muito importante e muito debatida dessa profecia. É a primeira vez que se mencionam os nomes das nações envolvidas nessa guerra: os assírios e os babilônios da terra de Ninrode. Essas duas nações, no curso da História, conquistaram Israel e levaram o povo de Israel em dois exílios distintos. Alguns estudiosos da Bíblia acreditam que os eventos descritos nos versículos 5 e 6 referem-se ao tempo em que a Assíria levou cativo o Reino do Norte, em 722 a.C., e a Babilônia levou cativo o Reino do Sul, em 587 a.C. É difícil ver ou aceitar que essa parte da profecia já tenha sido cumprida. A razão é que Israel não foi historicamente liberto da Assíria nem da Babilônia; ele, tampouco, governou a terra da Assíria ou a da Babilônia com a espada empunhada. Ao contrário, Israel e Judá foram conquistados, subjugados e levados cativos por essas duas nações. John McGee explica:

> Os "assírios", conforme encontramos na profecia de Isaías, representam os inimigos que se levantarão contra a nação de Israel nos últimos dias. Na época de Miqueias, os assírios eram brutais, e a Assíria levou cativo o Reino do Norte.[2]

Assim, se não for o contexto histórico da Assíria vindo contra Israel, então quando é que Miqueias vê os sete pastores e os oito líderes escolhidos entrando em cena nessa guerra? Essa é uma profecia futura em formato de alegoria. Há duas maneiras pelas quais podemos interpretá-la. Podemos entender que os sete líderes de Israel serão usados por Deus nesse tempo futuro para proteger o país e terão uma assistência eficiente de oito líderes que podem ter relação com o Exército de Defesa de Israel, o IDF. Essa leitura é viável e possível, uma vez que a profecia também afirma que as tropas dos inimigos marcharão dentro das fronteiras de Israel.

A segunda interpretação possível é que Deus levantará um grupo externo das nações-pastores, uma coalizão que ajudará Israel durante a segunda metade da tribulação sob a liderança dos oito líderes escolhidos (Ezequiel 32–33; Jeremias 23.1-4). Defendo essa possibilidade, porque a profecia diz que Israel será ameaçado dentro de suas fronteiras, os inimigos atravessarão suas fronteiras e invadirão a terra do povo de Israel. Eles precisarão de ajuda. A profecia também diz: "Levantaremos contra eles", que, conforme acredito,

---

[2] McGee, J. V. The Assyrian, **Thru the Bible Commentary** (edição eletrônica). Nashville: Thomas Nelson, 1997, c1981.

é uma referência ao Deus trino assumindo uma posição e tomando uma decisão em favor de Israel (final do versículo 5). Vejo ainda outra evidência para essa posição porque creio que há uma aliança defensiva agindo para apoiar Israel durante a Batalha de Armagedom, quando os assírios e os babilônios invadirão a terra dos judeus. Isso será tratado mais adiante neste capítulo. É importante neste ponto salientar um exemplo da lei da dupla referência. Assim como na citação de McGee anteriormente, Deus revelou as profecias nos símbolos e nas imagens que foram compreendidos pelos escribas e profetas daqueles dias, mas elas terão relevância para os estudiosos dos dias atuais. Essas duas nações citadas aqui, os assírios e os babilônios, compreendidas no contexto dos últimos dias, são um artifício literário em que uma parte representa o todo. Trata-se de uma descrição de todas as nações da terra que se levantarão contra Israel e se reunirão no vale de Megido para invadir Jerusalém. Para aprender mais sobre os significados simbólicos dessas duas nações, você pode se referir à Batalha de Armagedom (mais adiante neste capítulo).

> *"Reunirei todos os povos*
> *e os farei descer ao vale de Josafá.*
> *Ali os julgarei*
> *por causa da minha herança*
> *— Israel, o meu povo —,*
> *pois o espalharam*
> *entre as nações*
> *e repartiram entre si a minha terra."* (Joel 3.2)

Quando as nações se levantarem contra Israel, Deus levantará sete nações para proteger Israel e expulsar o anticristo. Antes da batalha, o anticristo estará em Jerusalém, onde, com a ajuda do falso profeta, porá sua imagem no templo. Agora, próximo do momento de eclodir essa guerra, nós o encontramos fora de Jerusalém, reunindo os reis da terra para virem contra Jerusalém. Por que ele precisa retomar a cidade e chamar outras nações para ajudar? Isso provavelmente acontecerá pelo fato de ele ser forçado a sair de Israel em algum momento durante a grande tribulação, sob a ameaça de uma guerra convocada pela proteção dos sete aliados. Podemos esperar, conforme a alegoria que chama essas nações de pastores, que essas sete nações "pastorearão" ou cuidarão de Israel. Temos de dar crédito à mão de Deus nesse episódio. Como Deus é maravilhoso! Vimos até o momento, assim como nas guerras e história que já cobrimos, que Deus protege Israel por meios distintos ao longo das gerações: a Igreja, então Miguel e seu exército, depois as nações pastoras.

Chegamos agora ao versículo 6, em que o profeta afirma claramente o seguinte: "Eles nos livrarão quando os assírios invadirem a nossa terra", e declara que Israel sairá vitorioso em relação à Assíria e a Babilônia. A vitória requer que esse seja um evento futuro. Nessa visão, Miqueias viu um tempo em que a terra de Israel seria conquistada por uma coalizão de nações "no meio de muitos povos" (v. 8). Esse pode ser o momento da coalizão das nações lideradas pela Rússia contra Israel, conforme discutimos no capítulo anterior (Ezequiel 38.1-39; 24). Ou poderia até mesmo ser a confederação de todas as nações da terra que marcharão contra Israel para a Batalha de Armagedom.

O remanescente de Jacó estará
no meio de muitos povos
como orvalho da parte do SENHOR,
como aguaceiro sobre a relva;
não porá sua esperança no homem
nem dependerá dos seres humanos.

> *O remanescente de Jacó*
> *estará entre as nações,*
> *no meio de muitos povos,*
> *como um leão*
> *entre os animais da floresta,*
> *como um leão forte*
> *entre os rebanhos de ovelhas,*
> *leão que, quando ataca,*
> *destroça e mutila a presa,*
> *sem que ninguém a possa livrar.*
> *Sua mão se levantará*
> *contra os seus adversários,*
> *e todos os seus inimigos*
> *serão destruídos.*

Essa seção da profecia começa mencionando que o plano de Deus é para que o povo de Israel seja uma bênção no mundo todo. Essa foi uma promessa que Deus fez primeiro a Abraão em Gênesis 12, e as figuras de linguagem mostram isso: "como orvalho da parte do Senhor" e "como aguaceiro sobre a relva". Contudo, a seguir a imagem dá uma guinada: "como um leão forte entre os rebanhos de ovelhas, leão que, quando ataca, destroça e mutila a presa, sem que ninguém a possa livrar"; e: "Sua mão se levantará contra os seus adversários, e todos os seus inimigos serão destruídos". Essa é uma mudança dramática. Mostra que, embora o chamado de Israel tenha sido para ser uma bênção, Deus também dará vitória a Israel sobre aqueles que vierem contra essa nação.

Uau! Essas são palavras extraordinárias para descrever uma nação. Em nenhum outro trecho das Escrituras, Deus fornece um propósito tão nacionalista para um grupo de pessoas. O Senhor vê o povo de Israel disperso entre as nações como bênção para esses países. Até mesmo quando eles não tinham um país próprio, deveriam ser uma bênção para as nações nas quais eram imigrantes. O propósito deste livro não é relacionar todas as inovações, invenções científicas, descobertas médicas etc. protagonizadas pelo povo de Israel. No entanto, apenas para enumerar alguns poucos nomes: Woody Allen, Isaac Asimov, David Blaine, *sir* Ernest Chain (cooperador no desenvolvimento da penicilina), Noam Chomsky, Neil Diamond, Albert Einstein, Sigmund Freud, Harry Houdini, Calvin Klein, Stan Lee e Karl Marx.

A afirmação ousada dessa profecia é a associação de que os inimigos de Israel são inimigos de Deus. Mais uma vez, essa é uma linha de pensamento coerente com muito da propaganda religiosa-nacionalista, mas não é jihadismo. O primeiro chamado de Israel é para ser uma bênção, mas a promessa é também para a proteção e a destruição dos que se levantarem contra Israel. Qualquer nação que tentar vir contra eles será, com certeza, totalmente destruída. Qualquer jovem que tente juntar alguma força ou grupo terrorista contra Israel deve esperar um futuro trágico para sua vida.

> *"Naquele dia", declara o SENHOR,*
> *"matarei os seus cavalos*
>   *e destruirei os seus carros de guerra.*
> *Destruirei também*
>   *as cidades da sua terra*
>   *e arrasarei todas as suas fortalezas."*

O propósito da aliança do G7

Esse G7 se reunirá para formar uma cerca de proteção política para Israel. Esse será o propósito para a reunião dessas nações. O interesse delas não será fazer investimentos financeiros, nem desenvolver mais negócios com Israel, tampouco trocar bens e armamentos. Da mesma forma que há atualmente aqueles que se organizam em torno do objetivo de "extirpar Israel da face da terra", conforme demonstrado no salmo 83, essa coalizão G7 se reunirá para investir em Israel e até mesmo trazer suas nações, exércitos e congressos para apoiar Israel. A resolução clara e firme terá de ser uma forte aliança para a defesa de Israel. Eles receberão uma revelação de que, quando estiverem defendendo Israel, estarão de fato defendendo o Reino de Deus. Sabem que o Reino de Deus será derradeiramente demonstrado ao mundo por intermédio do Estado de Israel. Essas nações não só terão a convicção de que estão lutando pelo Reino de Deus, mas também experimentarão o que Deus promete por intermédio dos ensinamentos de Jesus em Mateus 6. Quando escolherem primeiro o Reino de Deus, todas as outras coisas serão acrescentadas a essas nações. Quando uma nação trabalha na defesa de Israel, está de fato trabalhando para Deus. A Bíblia põe o nome do Deus todo-poderoso alinhado com a promessa de que a nação de Israel é indestrutível; ninguém será capaz de extirpá-la do mapa. Além disso, Jerusalém, em Israel — não Nova York, Rio, Tóquio ou Paris —, será o centro da administração do Reino de Jesus durante o milênio.

Quando essas sete nações se reunirem, terão de buscar o conselho de homens e mulheres que conheçam Deus e à sua Palavra, e precisarão ser capazes de trabalhar juntas em unidade. Elas têm de formar um grupo de consultores, pessoas que têm estudado a Palavra de Deus e possam dirigir essa coalizão por meio da Palavra. Lembre-se de que essa aliança se reunirá durante a tribulação, de modo que a Igreja já não mais estará na terra, mas creio que, nessa época, haverá pessoas que terão acesso à verdade e receberão percepções sobre ela. O arrebatamento da Igreja proverá uma evidência irrefutável de sua decisão de crer em Deus e em sua Palavra. Essas pessoas possivelmente se tornarão cristãs depois do arrebatamento, mas ainda estarão na terra. São chamadas por João em Apocalipse de "santos" (Apocalipse 13.7) e os que "haviam sido comprados da terra" (Apocalipse 14.3). É muito comum no mundo ocidental ler a Palavra de Deus individualmente, mas Deus fala em geral para as nações. Uma das minhas orações para este livro é que haja, como resultado de sua leitura, uma consciência e um engajamento mais profundos com o que Deus está fazendo no mundo. Deus diz que uma nação que segue as regras dele é abençoada (Salmos 33.12). Assim, os países, quando tomam decisões fundamentadas na Palavra de Deus, tomam atitudes que permitem que seu povo seja abençoado. Haverá pessoas protestando contra essas nações, mas serão governantes e líderes escolhidos para um momento como esse, assim como aconteceu com a rainha Ester.

Elas terão de entender que não podem fazer concessões. Até mesmo os governantes deverão tomar atitudes para encorajar a unidade na visão e na habilidade de operar como um corpo. É um corpo de nações que Deus será capaz de usar para ajudar Israel. Essa coalizão G7 deve se beneficiar com a parceria com as duas testemunhas de Deus, pois estas estarão na terra nesse momento, e com os conselhos que elas lhes darão. Nada devem temer. Devem saber que o Reino de Cristo estará a apenas um ano de se estabelecer na terra. Não terão nada a perder e, realmente, não terão nem mesmo uma opção, porque no final daquele ano tudo será eterno.

Por que essa aliança será necessária quando acontecer?

Há duas possibilidades para o momento dessa aliança. A primeira é quando a quinta taça da ira de Deus for derramada sobre o reino do anticristo. Isso acontecerá no fim da grande tribulação, quando Deus julgará o anticristo e o falso profeta e os lançará no lago de fogo. Serão os primeiros residentes do lago de fogo, que está sendo preparado agora para eles. É possível que Deus use essa aliança do G7 para destronar o anticristo nesse momento da história do mundo.

A segunda opção para esse evento ocorrer pode ser imediatamente após o dragão, Satanás, cair na terra após sua grande derrota diante de Miguel e seu exército. Ele virá para a terra e possuirá o anticristo. Esse é o momento em que o anticristo será conhecido como tal. A Bíblia diz que o anticristo sofrerá uma ferida fatal e aparentará estar morto. Não fica claro nas Escrituras se ele estará morto de fato ou se fingirá estar morto. Pode ser que ele morra e que Satanás o levante dos mortos com seus poderes. Se esse for o caso, Deus permitirá que esse poder seja dado a ele. O anticristo tentará ser visto como o Messias e aplicará a si mesmo a profecia que declara que o Messias se levantará dentre os mortos; Satanás estará imitando a Cristo, mas esse evento e episódio ainda conquistará a aliança dos povos da terra. Muitos teólogos acreditam que essa será uma falsa morte. Ele será realmente ferido, mas não morrerá de fato. Essa leitura contrasta com o que diz a Palavra de Deus em Apocalipse 13.12: "cujo ferimento mortal havia sido curado". O termo "mortal" significa suscetível à morte. É possível que o anticristo seja ferido pela coalizão dos sete exércitos porque Deus será com eles.

Consequências da guerra

Em Apocalipse 16.8, a quinta taça da ira de Deus é derramada na terra sobre o reino do anticristo. Esse pode ser o momento em que ele é atacado pelo G7 e expulso de Israel. Em resposta a essa coalizão, o anticristo buscará ajuda de outras nações para lutar contra

Israel e reunirá os reis da terra para se juntar a ele no vale de Megido para a Batalha de Armagedom.

Como se preparar para essa guerra

Mensagem às nações da terra

Deus levantará esse G7 só para a defesa de Israel e, com base nesse evento, eu gostaria de sugerir que as nações a favor de Israel se reúnam e preparem esse time. Podemos ver no mundo hoje que a causa correta pode reunir um grupo de nações. Para essa guerra, não será necessário um grupo preexistente, como as Nações Unidas, que virá em defesa de Israel. Terá de ser um grupo de nações que temem de fato a Deus e valorizam Israel. Esse G7 terá de ser formado por presidentes, senadores, deputados e mulheres em posição de autoridade que realmente compreendam o fim dos tempos.

Eu gostaria de fazer esse desafio às nações da terra e encorajar as nações para apoiar Israel a fim de formar esse grupo de proteção, essa cerca de defesa em volta de Israel. No momento, Israel tem aliados, mas estes são nações soberanas, por exemplo, os Estados Unidos. Eles tomam decisões de acordo com a política e a direção de seus líderes, mas é duvidoso se estarão totalmente comprometidos na defesa de Israel. Cada um dos países aliados pensa mais em seu próprio povo, tendo em mente os benefícios das alianças para si próprios. Essa aliança, ao contrário, deve ter em mente os interesses de Israel.

Mensagem a Israel

A mensagem que Deus quer transmitir ao país de Israel é poderosa e tem muitas facetas. Deus ama Israel; vocês são um povo precioso não só para ele, mas para todas as nações.

A PRÓXIMA JOGADA

Embora muitos não vejam isso dessa maneira, haverá um dia em que terão de reconhecer quanto vocês são preciosos e como Deus os escolheu para ser uma bênção para todas as nações. A promessa feita a Abraão será por fim compreendida por todas as nações. Compreendam que Deus escolheu a cidade de Jerusalém para ser o centro administrativo de seu Reino por causa da promessa que ele fez a Abraão. Por essa razão, Jerusalém é de vocês. Pelo fato de Jerusalém ser do Senhor e a ter dado a vocês, nenhuma nação a tirará de vocês. Eles tentarão, mas Deus os expulsará, porque ele será com vocês. Deus enviará o Messias de volta no momento correto da História. Vocês podem confiar nele; ele virá em seu resgate, e dessa vez ele usará os pastores que pastorearão vocês sob o comando dele. Vocês viverão em paz porque a aliança do Senhor com vocês ainda é válida; ele estará com vocês nesse G7, quando esse grupo será formado para abençoá-los. A palavra do Senhor permanece a mesma: "Abençoarei os que o abençoarem e amaldiçoarei os que o amaldiçoarem" (Gênesis 12.3).

A BATALHA DE ARMAGEDOM
(APOCALIPSE 16.12-16; ZACARIAS 8.8; 12.2-9)

Essa é a guerra mais famosa na Bíblia. Ela marcará o fim do período da tribulação e inaugurará o reino de Cristo na terra. É conhecida como a Batalha de Armagedom. É uma guerra muitíssimo conhecida que cineastas tentaram retratar em muitos filmes de ficção, com motivações, financiamentos e graus de precisão distintos. As Escrituras dizem que o local onde acontecerá essa guerra é o vale de Josafá de Megido, ou o vale de Megido, de onde se origina o nome Armagedom. O nome bíblico dessa guerra é "a batalha do grande dia do Deus todo-poderoso" (Apocalipse 16.14).

AS GUERRAS DA GRANDE TRIBULAÇÃO

Descrição da guerra
Todas as nações da terra serão reunidas pela trindade ímpia para essa guerra. Isso acontecerá no fim do período de tribulação, quando todas as nações da terra se reunirão para lutar contra Jerusalém (Zacarias 14.2a,4). Será bem no final da grande tribulação, logo antes da segunda vinda de Cristo e antes de o reino milenar começar sobre a terra renovada (Apocalipse 16.12).

As profecias
Muitas profecias descrevem facetas dessa guerra. Cada uma delas expõe aspectos que, quando combinados, mostram todo o cenário. As descrições mais abrangentes são apresentadas por Zacarias no Antigo Testamento e por João no livro de Apocalipse.

Zacarias 12.1-9

Esta é a palavra do SENHOR para Israel; palavra do SENHOR que estende o céu, assenta o alicerce da terra e forma o espírito do homem dentro dele:

"Farei de Jerusalém uma taça que embriague todos os povos ao seu redor, todos os que estarão no cerco contra Judá e Jerusalém.

Naquele dia, quando todas as nações da terra estiverem reunidas para atacá-la, farei de Jerusalém uma pedra pesada para todas as nações. Todos os que tentarem levantá-la se machucarão muito. Naquele dia, porei em pânico todos os cavalos e deixarei loucos os seus cavaleiros", diz o SENHOR. "Protegerei o povo de Judá, mas cegarei todos os cavalos das nações. Então os líderes de Judá pensarão: 'Os habitantes de Jerusalém são fortes porque o SENHOR dos Exércitos é o seu Deus!'

"Naquele dia, farei que os líderes de Judá sejam semelhantes a um braseiro no meio de um monte de lenha, como uma tocha incandescente entre gravetos. Eles consumirão à direita e à esquerda todos os povos ao redor, mas Jerusalém permanecerá intacta em seu lugar.

"*O Senhor salvará primeiro as tendas de Judá, para que a honra da família de Davi e dos habitantes de Jerusalém não seja superior à de Judá. Naquele dia o Senhor protegerá os que vivem em Jerusalém e assim o mais fraco dentre eles será como Davi, e a família de Davi será como Deus, como o anjo do Senhor que vai adiante deles.*
"*Naquele dia procurarei destruir todas as nações que atacarem Jerusalém.*"

Proteção, segurança, força e vitória são prometidas por Deus nessa primeira seção da profecia. Deus será um escudo para o povo de Israel naquele dia. Todas as nações que se reunirão para destruir Israel terão um encontro com o exército do Senhor. Ele estará liderando seu exército na batalha.

"*E derramarei sobre a família de Davi e sobre os habitantes de Jerusalém um espírito de ação de graças e de súplicas. Olharão para mim, aquele a quem traspassaram, e chorarão por ele como quem chora a perda de um filho único e se lamentarão amargamente por ele como quem lamenta a perda do filho mais velho. Naquele dia, muitos chorarão em Jerusalém, como os que choraram em Hadade-Rimom no vale de Megido. Todo o país chorará, separadamente cada família com suas mulheres chorará: a família de Davi com suas mulheres, a família de Natã com suas mulheres, a família de Levi com suas mulheres, a família de Simei com suas mulheres, e todas as demais famílias com suas mulheres.*" (Zacarias 12.10-14)

Essa é verdadeiramente uma seção notável da profecia: Zacarias descreve a reação do povo de Israel quando vir o Messias vindo em seu resgate. Eles reconhecerão Jesus Cristo, o Messias, aquele que crucificaram quando ele veio pela primeira vez. Eles chorarão e ficarão envergonhados; eles se arrependerão diante dele por não terem crido nele quando veio pela primeira vez. "Aquele a quem traspassaram" é uma referência à morte de Cristo na cruz na cidade de Jerusalém. Esse será um dia de grande arrependimento e lamento.

Zacarias 14.1-19

> Vejam, o dia do SENHOR virá, quando no meio de vocês os seus bens serão divididos. Reunirei todos os povos para lutarem contra Jerusalém; a cidade será conquistada, as casas saqueadas e as mulheres violentadas. Metade da população será levada para o exílio, mas o restante do povo não será tirado da cidade. Depois o SENHOR sairá para a guerra contra aquelas nações, como ele faz em dia de batalha. Naquele dia, os seus pés estarão sobre o monte das Oliveiras, a leste de Jerusalém, e o monte se dividirá ao meio, de leste a oeste, por um grande vale; metade do monte será removido para o norte, e a outra metade para o sul.

Fica claro nesses versículos que essa é uma guerra futura: "O dia do SENHOR virá" (v. 1). Primeiro, as nações se reunirão contra Jerusalém (v. 2). Depois o Messias retornará (v. 3).

> Vocês fugirão pelo meu vale entre os montes, pois ele se estenderá até Azel. Fugirão como fugiram do terremoto nos dias de Uzias, rei de Judá.

Deus protegerá o povo de Jerusalém naquele dia. Aqui ele fornece instruções sobre a fuga deles por um vale em uma montanha, um vale formado quando Cristo puser o pé no monte das Oliveiras e dividir esse monte em dois. Esse evento provocará um terremoto que criará um vale para a fuga do povo de Judá. Acontecerão outras transformações geográficas naquele dia, conforme podemos ver nos versículos seguintes. Cristo, agora já tendo retornado à terra, começará a renovar a terra para seu reino.

> *Então o S*ENHOR*, o meu Deus, virá com todos os seus santos. Naquele dia não haverá calor nem frio. Será um dia único, um dia que o S*ENHOR *conhece, no qual não haverá separação entre dia e noite, porque, mesmo depois de anoitecer, haverá claridade.*
>
> *Naquele dia, águas correntes fluirão de Jerusalém, metade delas para o mar do leste e metade para o mar do oeste. Isso acontecerá tanto no verão como no inverno.*
>
> *O S*ENHOR *será rei de toda a terra. Naquele dia, haverá um só S*ENHOR *e o seu nome será o único nome.*
>
> *A terra toda, desde Geba até Rimom, ao sul de Jerusalém, será semelhante à Arabá. Mas Jerusalém será restabelecida e permanecerá em seu lugar, desde a porta de Benjamim até o lugar da primeira porta, até a porta da Esquina, e desde a torre de Hananeel até os tanques de prensar uvas do rei. Será habitada; nunca mais será destruída. Jerusalém estará segura.*

Faremos uma pausa aqui para apresentar uma nota sobre a segurança e a eternidade da cidade de Jerusalém. O Messias estará lá e, de Jerusalém, reinará como Rei de toda a terra.

> *Esta é a praga com a qual o S*ENHOR *castigará todas as nações que lutarem contra Jerusalém: sua carne apodrecerá enquanto estiverem ainda em pé, seus olhos apodrecerão em suas órbitas e sua língua apodrecerá em sua boca. Naquele dia, grande confusão causada pelo S*ENHOR *dominará essas nações. Cada um atacará o que estiver ao seu lado. Também Judá lutará em Jerusalém. A riqueza de todas as nações vizinhas será recolhida, grandes quantidades de ouro, prata e roupas. A mesma praga cairá sobre cavalos e mulas, camelos e burros, sobre todos os animais daquelas nações.*

AS GUERRAS DA GRANDE TRIBULAÇÃO

Uma descrição do julgamento de Deus por intermédio dessa guerra é apresentada nessa seção. A descrição se assemelha a uma guerra com armas nucleares: "sua carne apodrecerá enquanto estiverem ainda em pé", mas virá de Deus por intermédio de uma praga. Há grande pânico e muita violência. Até mesmo os animais sofrerão os efeitos dessa praga. A população de Judá sairá de suas casas para recolher os ricos bens saqueados.

> *Então, os sobreviventes de todas as nações que atacaram Jerusalém subirão ano após ano para adorar o rei, o SENHOR dos Exércitos, para celebrar a festa das cabanas. Se algum dentre os povos da terra não subir a Jerusalém para adorar o Rei, o SENHOR dos Exércitos, não virá para ele a chuva.*

Haverá sobreviventes de todas as nações, mas, desse momento em diante, eles reconhecerão que o Messias é o Rei, o Senhor todo-poderoso, e prestarão homenagem a ele. As bênçãos para suas terras dependerão disso.

A passagem de Zacarias continua:

> *Se os egípcios não subirem para participar, o SENHOR mandará sobre eles a praga com a qual afligirá as nações que se recusarem a subir para celebrar a festa das cabanas. Sim, essa será a punição do Egito e de todas as nações que não subirem para celebrar a festa das cabanas.*

O Egito é mencionado especificamente aqui, mas todas as nações serão punidas se não seguirem as ordens do Rei. A celebração da festa das cabanas será observada, e o Messias, nesse momento, estará celebrando junto com seu povo.

> *Naquele dia estará inscrito nas sinetas penduradas nos cavalos: "Separado para o SENHOR". Os caldeirões do templo do SENHOR serão*

tão sagrados quanto as bacias diante do altar. Cada panela de Jerusalém e de Judá será separada para o Senhor *dos Exércitos, e todos os que vierem sacrificar pegarão panelas e cozinharão nelas. E, a partir daquele dia, nunca mais haverá comerciantes no templo do* Senhor *dos Exércitos.* (Zacarias 14.20,21)

Apocalipse 16.12-16

A passagem de Zacarias é abrangente em relação aos detalhes da batalha e depois da guerra, mas João teve uma percepção espiritual da natureza dessa operação militar. Eis como essa guerra terá início:

> *O sexto anjo derramou a sua taça sobre o grande rio Eufrates, e secaram-se as suas águas para que fosse preparado o caminho para os reis que vêm do Oriente. Então vi saírem da boca do dragão, da boca da besta e da boca do falso profeta três espíritos imundos semelhantes a rãs. São espíritos de demônios que realizam sinais milagrosos; eles vão aos reis de todo o mundo, a fim de reuni-los para a batalha do grande dia do Deus todo-poderoso.*
>
> *"Eis que venho como ladrão! Feliz aquele que permanece vigilante e conserva consigo as suas vestes, para que não ande nu e não seja vista a sua vergonha."*
>
> *Então os três espíritos os reuniram no lugar que, em hebraico, é chamado Armagedom.*

João teve uma visão muito vívida dessa guerra. Deus estará esperando esse dia especial por vir. Ele mudará até mesmo a geografia da terra para facilitar a reunião dos exércitos das nações que sairão contra Jerusalém. Isso acontecerá quando a sexta taça da ira de Deus for derramada sobre o grande rio Eufrates. O rio, com essa mudança, secará, permitindo que armamentos, tanques e tropas dos exércitos marchem sem percalços na direção de Jerusalém.

Nesse momento, a trindade ímpia formada por três bestas estará trabalhando em conjunto na terra. Estas são: a besta que sai do abismo, Satanás; a besta que sai do mar, o anticristo; e a besta que vem da terra, o profeta. João viu três espíritos imundos saindo da boca deles com uma mensagem e sinais para os reis da terra. Essa guerra será convocada por uma equipe satânica. Os líderes das nações acreditarão nessa causa e mensagem e os seguirão nessa terra. Todos se reunirão no vale de Megido, também conhecido como o vale de Josafá. Deus permitirá que essas coisas aconteçam a fim de destruir as nações que se levantarão contra o Senhor e a cidade que é santa para ele.

Apocalipse 19.11-21
Na profecia de Zacarias, lemos que o Senhor sairá e lutará contra as nações. João viu a natureza de Cristo e seu envolvimento nessa batalha.

> *Vi os céus abertos e diante de mim um cavalo branco, cujo cavaleiro se chama Fiel e Verdadeiro. Ele julga e guerreia com justiça. Seus olhos são como chamas de fogo, e em sua cabeça há muitas coroas e um nome que só ele conhece, e ninguém mais. Está vestido com um manto tingido de sangue, e o seu nome é Palavra de Deus. Os exércitos dos céus o seguiam, vestidos de linho fino, branco e puro, e montados em cavalos brancos.*

Aqui vemos a descrição do Senhor dos Exércitos: o Senhor *Sabaoth*; o Messias de Israel; Jesus Cristo; o Rei dos reis. Deus declara que o Senhor é fiel e verdadeiro e que ele julgará as nações e guerreará sob a justiça real de Deus. As muitas coroas de sua cabeça revelam sua realeza e sua majestade dadas por Deus. Ele virá à terra para exercer a justiça real com autoridade e poder divinos.

Não cometerá nenhum erro em seus julgamentos. Anteriormente, ele veio para resgatar e salvar o mundo. Veio como um homem que sofreu pelos pecados dos homens, como o profeta Isaías anunciou (Isaías 53). Agora, ele virá como Rei dos reis e Senhor dos senhores. O exército seguindo Cristo, o Messias, será formado por exércitos do céu, seus anjos designados para esse dia e hora, mais a Igreja. A frase "vestidos de linho fino, branco e puro, e montados em cavalos brancos" é uma referência àqueles que foram lavados de seus pecados e vestidos com linho branco e puro no céu.

> *De sua boca sai uma espada afiada, com a qual ferirá as nações. "Ele as governará com cetro de ferro."*

Cristo virá preparado com as ferramentas certas para sua obra, uma espada e um cetro, a fim de guerrear, julgar as nações e governar seu reino na terra. As pessoas serão julgadas por sua poderosa Palavra. O cetro de ferro foi dado a ele pelo Pai para que governe as nações, como o salmo 2 também revela. Esse é o momento em que ele começará seu reino aqui na terra.

> *Ele pisa o lagar do vinho do furor da ira do Deus todo-poderoso.*

Essa é uma figura de linguagem que revela o peso da ira de Deus que virá sobre aqueles que o rejeitaram, à sua Palavra e ao seu Filho, aqueles que serão reunidos no Armagedom.

> *Em seu manto e em sua coxa está escrito este nome:*
> *REI DOS REIS*
> *E SENHOR DOS SENHORES.*
> *Vi um anjo que estava em pé no sol e que clamava em alta voz a todas as aves que voavam pelo meio do céu: "Venham, reúnam-se*

> *para o grande banquete de Deus, para comerem carne de reis, generais e poderosos, carne de cavalos e seus cavaleiros, carne de todos — livres e escravos, pequenos e grandes".*

Dessa vez, Cristo virá como Rei dos reis e Senhor dos senhores. Esse título estará gravado em seu manto. As aves serão chamadas para essa batalha com a tarefa de comer a carne dos reis da terra. Esse evento é chamado de o "grande banquete de Deus". A refeição é para as aves, é claro. Elas limparão a terra dos corpos de todas as pessoas que se reuniram para a guerra. Haverá uma invasão de aves no vale de Megido. Todas elas serão reunidas por um anjo de pé no sol, o qual foi especialmente designado para essa tarefa.

> *Então vi a besta, os reis da terra e os seus exércitos reunidos para guerrearem contra aquele que está montado no cavalo e contra o seu exército.*

Os exércitos liderados pela trindade ímpia ousarão lutar contra Cristo e seu exército invisível. Será um trágico desperdício de vidas, armamentos e tempo.

> *Mas a besta foi presa, e com ela o falso profeta que havia realizado os sinais milagrosos em nome dela, com os quais ele havia enganado os que receberam a marca da besta e adoraram a imagem dela. Os dois foram lançados vivos no lago de fogo que arde com enxofre. Os demais foram mortos com a espada que saía da boca daquele que está montado no cavalo. E todas as aves se fartaram com a carne deles.*

A passagem não mostra nada que sugira que essa guerra será uma grande luta. O anticristo e o falso profeta serão capturados e lançados vivos no lago de fogo que arde com enxofre. Após esse evento, Cristo e seu exército destruirão os exércitos inimigos.

Apocalipse 20.1-3

Vi descer dos céus um anjo que trazia na mão a chave do Abismo e uma grande corrente. Ele prendeu o dragão, a antiga serpente, que é o Diabo, Satanás, e o acorrentou por mil anos; lançou-o no Abismo, fechou-o e pôs um selo sobre ele, para assim impedi-lo de enganar as nações, até que terminassem os mil anos. Depois disso, é necessário que ele seja solto por um pouco de tempo.

O que João vê a seguir no desenvolvimento dessa guerra é um anjo vindo do céu com uma chave e correntes em suas mãos. Ele aprisionará Satanás com as correntes e o lançará no Abismo. Ele ficará trancado ali por mil anos. O mundo todo poderá experimentar uma vida livre de demônios e seus esquemas enganadores. A terra também será renovada para o reino de paz. Como esse período será empolgante! Há mais descrições desse reino no último capítulo deste livro.

Mateus 24.15-31

Jesus Cristo também profetizou sobre esse dia. As instruções a seguir foram dadas por ele:

> *"Assim, quando vocês virem 'o sacrilégio terrível', do qual falou o profeta Daniel, no Lugar Santo — quem lê, entenda [...]".*

Jesus Cristo valida a visão profética de Daniel. "O sacrilégio terrível" é uma referência ao anticristo que se proclamará deus e porá sua imagem no templo de Jerusalém (2Tessalonicenses 2.3-12). Uma abominação de acordo com a lei judaica e, mais importante ainda, aos olhos de Deus. O apóstolo Paulo também falou sobre esse evento.

> *[...] então, os que estiverem na Judeia fujam para os montes. Quem estiver no telhado de sua casa não desça para tirar dela coisa*

alguma. Quem estiver no campo não volte para pegar seu manto. Como serão terríveis aqueles dias para as grávidas e para as que estiverem amamentando! Orem para que a fuga de vocês não aconteça no inverno nem no sábado.

Essa palavra de instrução é para os que estiverem na Judeia naquele momento. É importante observar que essas instruções são para o povo de Israel ou qualquer outra pessoa morando na Judeia. Não são instruções para a Igreja do nosso tempo. Lembre-se de que isso acontecerá no final do período da tribulação, ou no momento da angústia de Jacó, e que a Igreja já estará no céu participando das bodas do Cordeiro e preparando-se para descer com o Messias a fim de guerrear contra aqueles reunidos no Armagedom (Judas 1.14).

Porque haverá então grande tribulação, como nunca houve desde o princípio do mundo até agora, nem jamais haverá. Se aqueles dias não fossem abreviados, ninguém sobreviveria; mas, por causa dos eleitos, aqueles dias serão abreviados. Se, então, alguém disser: 'Vejam, aqui está o Cristo!' ou: 'Ali está ele!', não acreditem. Pois aparecerão falsos cristos e falsos profetas que realizarão grandes sinais e maravilhas para, se possível, enganar até os eleitos.

Israel, a Eleita, deve ser cuidadosa sobre o espírito de enganação que será liberado por Satanás, em especial sobre o anticristo, que se levantará com o propósito de enganar a nação e seus líderes. Falsos messias aparecerão, mas o principal que tentará tomar o lugar do verdadeiro Messias será o anticristo. Tenha cuidado, Israel!

Vejam que eu os avisei antecipadamente.
"Assim, se alguém disser: 'Ele está lá, no deserto!', não saiam; ou: 'Ali está ele, dentro da casa!', não acreditem. Porque assim como o

relâmpago sai do Oriente e se mostra no Ocidente, assim será a vinda do Filho do homem.

A vinda do Messias será visível para todo o mundo (Mateus 24.27). A menção ao Filho do homem aqui é de extrema relevância. Jesus está dizendo que aquele que veio uma vez como o Filho do homem é o Messias que virá novamente em glória e poder como o Rei dos reis e Senhor dos senhores.

> *Onde houver um cadáver, aí se ajuntarão os abutres.*
> *"Imediatamente após a tribulação daqueles dias*
> *'o sol escurecerá,*
> *e a lua não dará a sua luz;*
> *as estrelas cairão do céu,*
> *e os poderes celestes*
> *serão abalados'.*
>
> *"Então aparecerá no céu o sinal do Filho do homem, e todas as nações da terra se lamentarão e verão o Filho do homem vindo nas nuvens do céu com poder e grande glória".*

Por que todos os povos da terra lamentarão quando virem o Filho do homem, o Salvador, o Messias vindo em poder e grande glória nas nuvens do céu? Será que esse dia não deveria ser o melhor momento da vida deles? Contudo, sua vinda trará lamento da alma, um tempo de vergonha e arrependimento por não terem crido em Cristo antes.

> *E ele enviará os seus anjos com grande som de trombeta, e estes reunirão os seus eleitos dos quatro ventos, de uma a outra extremidade dos céus.*

Todas as pessoas de Israel serão levadas de volta a Israel para esse dia em que encontrarão seu Messias. Deus se certificará de que isso acontecerá.

Estratégia da guerra

Lembre-se de que, no tempo dessa guerra, Satanás e seu exército já terão sido lançados na terra. Ele estará operando diretamente neste planeta. O apóstolo João viu três espíritos semelhantes a rãs saindo da trindade satânica e indo para os reis da terra com o objetivo de reuni-los para a Batalha de Armagedom (Apocalipse 16.13,14,16). Satanás e sua trindade ímpia reunirão as nações para essa guerra.

A sexta taça da ira de Deus, de acordo com a revelação de João, será derramada sobre a terra e secará o rio Eufrates, preparando o caminho para os reis do leste que se juntarão à batalha contra Cristo e Israel (Apocalipse 16.12). Esse rio nasce no leste da Turquia, corre ao longo da Síria e Iraque, e, após juntar-se ao rio Tigre em Shatt-al--Arab, segue até desaguar no golfo Pérsico. Isso significa que haverá uma mudança geográfica radical, fazendo que o rio Eufrates seque para facilitar a viagem de todas as armas e máquinas de guerra trazidas das nações do Oriente. Se você olhar o mapa e focar o leste de Israel, bem próximo do rio Eufrates, verá algumas das seguintes nações bem ali: Jordânia, Síria, Iraque, Irã, Kuwait e Turquia com a Rússia um pouco mais distante a nordeste. Quais países serão os primeiros a responder à convocação para uma guerra da qual todas as nações tomarão parte?

Compreendemos que o próprio Deus facilitará a viagem dessas nações por vir e cercarão a terra de Israel. Por que o Senhor permite tal coisa? É porque ele já tem um plano para derrotar Satanás e as nações descrentes. Então, a pergunta passa a ser como ele fará isso.

A Bíblia chama o dia dessa guerra de "O dia do Senhor". Isso é porque Jesus Cristo retornará à terra exatamente no dia em que, a propósito, será o fim do período de tribulação na terra. Ele descerá do céu de uma forma poderosa e esplendorosa e "todo olho o verá", diz a Bíblia. Ele tocará o monte das Oliveiras em Jerusalém com seus pés, e o monte se dividirá e formará um vale de escape para os judeus vivos nessa época em Judá. Eles fugirão através desse vale (Zacarias 14.4,5). Cristo criará o vale que protegerá os judeus (Apocalipse 12.5,6).

Consequências da guerra

Alguns elementos da natureza serão usados mais uma vez por Deus nessa batalha, como um terremoto e uma praga que afetarão as nações. Haverá grande pânico na terra (Zacarias 14.12-15). Esse grande terremoto dividirá a cidade de Jerusalém em três partes. As cidades das nações entrarão em colapso. As ilhas e montanhas desaparecerão. Uma saraiva com pedras de 45 quilos cairá do céu (Apocalipse 16.16-21). E imaginamos por que essa batalha atraiu a atenção dos cineastas... As posses de Jerusalém, de acordo com o profeta Zacarias, serão saqueadas (Zacarias 14.1). A cidade será capturada. As casas serão saqueadas, e as mulheres, estupradas. Metade da cidade irá para o exílio (Zacarias 14.2b), e a outra metade ficará ali mesmo.

Cristo, no entanto, destruirá os inimigos de Israel e também seus inimigos com a espada (Apocalipse 19.11-16) e o sopro de sua boca (2Tessalonicenses 2). Essas figuras de linguagem ajudam a revelar que Cristo lutará com a nação (Zacarias 14.3), conforme sua Palavra disse, e as dominará.

Como se preparar para essa guerra

Se estiver lendo este livro, espero que não esteja na terra nessa época. Contudo, caso ainda esteja, por favor, preste atenção nestas instruções. Elas devem ser levadas a sério porque foram dadas pelo próprio Deus. A única saída será ouvir a Deus e suas orientações.

Instruções para Israel

Na realidade, o melhor momento para se preparar para essa guerra é agora. Você não deve deixar as decisões de vida e morte para o acaso. Garanto que você não quer estar na terra naquele momento, tampouco quer que alguém de sua família ou daqueles que você ama esteja aqui.

Essa guerra acontecerá bem no final da tribulação. Quando todos os líderes e seus exércitos chegarem ao vale de Megido, também conhecido como o vale de Josafá, a Bíblia diz que o rio Eufrates sofrerá uma divisão espontânea e sobrenatural para facilitar essa guerra. Deus mesmo facilitará o caminho para esses exércitos chegarem ao vale de Megido.

Mas saiba que você terá de anunciar um período de jejum e arrependimento. Clame a Deus e busque sua face. Esse chamado para um reavivamento nacional é para que seu povo priorize tudo na vida a fim de buscar Deus.

> *Toquem a trombeta em Sião,*
> *decretem jejum santo,*
> *convoquem uma assembleia sagrada.*
> *Reúnam o povo,*
> *consagrem a assembleia;*
> *ajuntem os anciãos,*
> *reúnam as crianças,*
> *mesmo as que mamam no peito.*
> *Até os recém-casados*
> *devem deixar os seus aposentos.*
> *Que os sacerdotes,*
> *que ministram perante o* Senhor,
> *chorem entre o pórtico do templo*
> *e o altar, orando:*
> *"Poupa o teu povo,* Senhor.
> *Não faças da tua herança*
> *objeto de zombaria*
> *e de chacota entre as nações.*

> *Por que se haveria de dizer*
> *pelos povos:*
> *'Onde está o Deus deles?'."* (Joel 2.15-17).

O profeta Joel lembra-nos de que a esperança diante de tal ocorrência está no DNA do povo escolhido de Deus.

Instruções para todas as outras nações da terra

As nações da terra reunidas pelo anticristo para essa batalha serão julgadas por Cristo. Os principais elementos desse julgamento são apresentados a seguir.

- *Esse julgamento acontecerá depois do retorno de Cristo em glória e da Batalha de Armagedom. A Igreja julgará as nações sob Cristo (1Coríntios 6.1,2).*
- *Cristo separará os povos e nações (Mateus 25.32).*
- *Suas ovelhas: esses indivíduos são os abençoados justos; aqueles que creem em Cristo e o temem e ajudaram Israel serão postos à direita dele e convidados para seu Reino. Os bodes: estes representam as nações que serão amaldiçoadas; sofrerão punição eterna porque rejeitaram Cristo e trataram mal Israel e o povo de Deus durante a grande tribulação (Mateus 25.41-46)* (CALHEIROS, p. 58).

Nações, considerem esses critérios para o julgamento de Deus das ações e atitudes do seu coração. Tenha certeza, Israel, de que desde este momento Deus está examinando o coração dos líderes das nações, dos congressistas e dos legisladores. Deus conhece o coração de todas as pessoas. Há no céu livros nos quais todas as ações e até mesmo os pensamentos são registrados. Esses livros serão abertos no Dia do Julgamento, e tudo será trazido à luz. Não há nada oculto que ficará escondido para sempre. Todas as conspirações feitas pelas nações em recintos secretos, todas as ações que pareciam passar despercebidas, até mesmo as comunicações eletrônicas mais codificadas, enfim tudo virá à luz no Dia do Senhor. Deus não precisa de *hackers* para decodificar os planos ultrassecretos do governo. Ele é onisciente e, diante dele, tudo será revelado.

Líderes das nações da terra, considerem cuidadosamente os dois critérios básicos segundo os quais Deus julgará vocês naquele dia: a forma com que vocês trataram Cristo e a forma com que trataram Israel.

Aproximem-se, nações, e escutem;
   prestem atenção, ó povos!
Que o ouçam a terra
   e tudo o que nela há,
   o mundo e tudo o que dele procede!
O SENHOR está indignado
   contra todas as nações;
sua ira está contra
   todos os seus exércitos.
Ele os destruirá totalmente,
   ele os entregará à matança.
Seus mortos serão lançados fora
   e os seus cadáveres exalarão mau cheiro;
os montes se encharcarão
   do sangue deles.
As estrelas dos céus
   serão todas dissolvidas,
e os céus se enrolarão
   como um pergaminho;
todo o exército celeste cairá
   como folhas secas da videira e da figueira. (Isaías 34.1-4)

A PRÓXIMA JOGADA

Estamos nos aproximando da época em que Deus lidará com todas as nações. É hora de reconsiderar seus caminhos, ouvir a palavra profética de Deus, parar com os jogos de guerra e conspirações e submeter-se ao Rei de todas as nações, pois ele vem logo. Vejamos as profecias de Joel sobre esse dia do julgamento:

"*Sim, naqueles dias e naquele tempo,*
quando eu restaurar a sorte
    de Judá e de Jerusalém,
reunirei todos os povos
    e os farei descer ao vale de Josafá.
Ali os julgarei
    por causa da minha herança
    — Israel, o meu povo —,
    pois o espalharam
    entre as nações
e repartiram entre si a minha terra.
Lançaram sortes sobre o meu povo
e deram meninos
    em troca de prostitutas;
venderam meninas por vinho,
    para se embriagarem" (3.1-3).

Proclamem isto entre as nações:
Preparem-se para a guerra!
Despertem os guerreiros!
Todos os homens de guerra
    aproximem-se e ataquem.
Forjem os seus arados,
    fazendo deles espadas;
e de suas foices façam lanças.

> Diga o fraco: "Sou um guerreiro!"
> Venham depressa,
>   vocês, nações vizinhas,
>   e reúnam-se ali.
> Faze descer os teus guerreiros,
>   ó SENHOR!
>
> "Despertem, nações;
>   avancem para o vale de Josafá,
> pois ali me assentarei
>   para julgar todas as nações vizinhas,
> Lancem a foice,
>   pois a colheita está madura.
> Venham, pisem com força as uvas,
>   pois o lagar está cheio
>   e os tonéis transbordam,
>   tão grande é a maldade dessas nações!" (3.9-13).

O exército do Senhor é descrito por Joel no capítulo 2. O Messias, depois que os exércitos vierem contra Israel, descerá com este exército majestoso e aterrorizante. Não haverá esperança para nenhuma outra nação:

> O SENHOR levanta a sua voz
>   à frente do seu exército.
> Como é grande o seu exército!
> Como são poderosos
>   os que obedecem à sua ordem!
> Como é grande o dia do SENHOR!
>   Como será terrível!
> Quem poderá suportá-lo? (Joel 2.11).

A PRÓXIMA JOGADA

Essa é a razão pela qual todas as nações devem agora prestar atenção nas profecias sobre aquele dia. Ainda há uma possibilidade de elas serem abençoadas, em vez de amaldiçoadas.

"*Agora, porém*", *declara o* SENHOR,
"*voltem-se para mim*
de todo o coração,
com jejum, lamento e pranto."
Rasguem o coração e não as vestes.
Voltem-se para o SENHOR,
 o seu Deus,
pois ele é misericordioso e compassivo,
muito paciente e cheio de amor;
 arrepende-se e não envia a desgraça.
Talvez ele volte atrás, arrependa-se,
 e ao passar deixe uma bênção.
Assim vocês poderão fazer
 ofertas de cereal
e ofertas derramadas
 para o SENHOR, *o seu Deus.* (Joel 2.12-14)

7

A GUERRA DO FIM DOS TEMPOS

A GUERRA FINAL – GOGUE E MAGOGUE (APOCALIPSE 20.7-10)

Essa é a guerra que acontecerá no fim dos tempos na terra, após o reino milenar de Cristo. Será a última guerra na face da terra. Depois dessa guerra, acontecerá o julgamento final de Deus e, a seguir, a eternidade terá início.

A profecia

Quando terminarem os mil anos, Satanás será solto da sua prisão e sairá para enganar as nações que estão nos quatro cantos da terra, Gogue e Magogue, a fim de reuni-las para a batalha. Seu número é como a areia do mar. As nações marcharam por toda a superfície da terra e cercaram o acampamento dos santos, a cidade amada; mas um fogo desceu do céu e as devorou. O Diabo, que as enganava, foi lançado no lago de fogo que arde com enxofre, onde já haviam sido lançados a besta e o falso profeta. Eles serão atormentados dia e noite, para todo o sempre.

Descrição e propósito da guerra

Após os mil anos do reinado milenar de Cristo sobre a terra renovada, Satanás será liberto do Abismo. Durante os mil anos de aprisionamento naquele lugar, ele sairá com um plano ainda mais perverso e maligno para enganar as nações da terra. A equipe poderosa formada pelas três bestas que agiram juntas para preparar o palco para a Batalha de Armagedom não mais existirá. Ainda assim, Satanás será bem-sucedido em reunir grande número de pessoas para a batalha.

Por que Satanás será liberto de sua prisão? Por que ele sairá e mais uma vez terá a oportunidade de andar pela terra incitando o engano e a rebelião no povo da terra? Como Deus poderia libertar o demônio do Abismo quando Cristo estabeleceu um reino pacífico na terra? Será que essa guerra é necessária? Essas são perguntas justas para se fazer neste ponto.

A resposta é dupla. Essa é uma questão entre Deus e Satanás. Primeiro, trata-se de quem está no comando. Deus permitirá que Satanás saiba uma vez mais, e por todo o sempre, que ele está derrotado por toda a eternidade. Deus tem todo o poder. A revolta ou rebelião final de Satanás contra Deus não funcionará nem compensará. Essa guerra será o último julgamento de Deus sobre Satanás, que receberá sua sentença final diretamente da boca de Deus. Ele será sentenciado ao lago de fogo; não haverá liberdade condicional, acordo ou libertação. Todos nós, como Satanás, fomos criados como seres eternos; essa punição, portanto, será eterna. Assim, essa guerra é sobre a rebelião final e o julgamento final. Contudo, há uma segunda razão. Haverá pessoas na terra durante o período do reino de Cristo nascidas durante o governo de mil anos de Cristo. Serão pessoas privilegiadas, pois terão a oportunidade de morar em um reino de paz e justiça, sob o comando de um rei justo e amoroso. Elas experimentarão a paz e a verdadeira justiça de Deus, algo que o mundo jamais experimentou em outros períodos da História. Todavia, ainda há uma questão sobre o coração e a vontade da humanidade. Essas pessoas, como Adão e Eva e também todos nós, serão testadas e confrontadas com a escolha de se submeter a Cristo e caminhar de acordo com a justiça de Deus, ou de seguir Satanás na mesma rebelião e antagonismo contra Deus, atitude que marcou as gerações anteriores do mundo. Todas as pessoas terão de tomar uma decisão sobre se submeter a Cristo como Salvador e Senhor de sua vida.

Nações envolvidas na guerra

O versículo 8 dessa profecia cita Gogue e Magogue; é uma referência a todas as nações da terra. Esse é mais um caso da lei de dupla referência. O versículo é até mesmo autoexplicativo em seu sentido. Satanás reunirá as nações dos "quatro cantos da terra, Gogue e Magogue". Portanto, os nomes "Gogue e Magogue" são usados como uma sinédoque para se referir a todas as nações, dos quatro cantos da terra. Os exércitos serão surpreendentes em número de soldados, "como a areia do mar". Uma geração que literalmente terá tudo o que poderia desejar, mas as pessoas ainda escolherão a rebelião. Gogue e Magogue também é uma alusão à guerra anterior, quando Gogue de Magogue foi bem-sucedido em sua ação para reunir os exércitos de muitas nações e formar uma coalizão que invadiu Israel. De todas as guerras que examinamos até o momento, Gogue é capaz de conseguir a maior coalizão do exército que reúne no início da tribulação. Satanás, no entanto, age diretamente como recrutador.

Mais uma vez, precisamos diferenciar claramente esta guerra daquela descrita no Capítulo 4. Naquela guerra, Gogue **de** Magogue reúne um grupo de nações para a guerra. Já na guerra aqui, Satanás é aquele que reúne as nações da terra, Gogue **e** Magogue. Um quadro no final deste capítulo enumera as diferenças entre essas duas guerras.

Estratégia de guerra

A **estratégia do inimigo** para essa guerra não é muito diferente das anteriores. Satanás não é criativo. Na verdade, ele é bem previsível. Ele tem feito isso há milênios, pelo menos no que diz respeito a Israel. Ele tem perseguido a semente da mulher desde o princípio do mundo, quando Deus profetizou que seria a semente da mulher que esmagaria sua cabeça (Gênesis 3.15). Ele estimulou os ciúmes e a raiva dos irmãos de José, que conspiraram para matá-lo (Gênesis 37.19,20). Quando Moisés nasceu, o faraó do Egito tentou matar todos os bebês do sexo masculino do povo de Israel, o que aconteceu novamente sob o comando de Herodes na época de Jesus. Isso para não mencionar o que Satanás achou que conseguiria ao mandar Jesus para a cruz. A mão de Satanás também esteve por trás de muitos exemplos na história da oposição étnica e nacional contra Israel, a tal ponto que esse povo, por séculos a fio, não teve a própria terra. Isso faz parte da natureza e da missão de Satanás, levantar-se contra Israel, porque ele sabe que está lutando contra Deus quando age contra a nação escolhida pelo Senhor, e sua raiva, derradeiramente, é contra Deus. Ele, no momento dessa última guerra, reunirá de novo os reis da terra e seus exércitos e os levará a Israel. Eles rodearão Jerusalém, a cidade que Deus ama (Apocalipse 20.9), com o plano maligno de atacar a cidade e o Messias. Lembre-se de que, nessa época, o Messias estará morando em Jerusalém, Israel.

> Cristo, de seu trono, julgará entre as nações e os povos. Ele morará ali e será a luz para as nações (Isaías 2.1-5; Miqueias 4.1-5; Zacarias 2.10,12-13; 8.3). Jerusalém será um glorioso lugar de descanso. (Isaías 11.10-16) (CALHEIROS, p. 59)

Neste ponto, você pode perguntar: O que aquelas nações estarão pensando? Quem seguirá Satanás em uma batalha contra o Messias?

A **estratégia dessa guerra do lado de Deus** parece ser muito fácil e ainda assim criativa. Ele simplesmente esperará. E, quando os exércitos marcharem para Jerusalém e cercarem a cidade, Deus enviará fogo do céu que devorará todos eles (20.7,8). Esse será um ataque do fim dos tempos contra a cidade de Jerusalém e Cristo, e toda oposição será destruída (20.8-10). O povo de Jerusalém não precisará lutar nem ter medo. Deus julgará Satanás e o lançará no lago de fogo e enxofre. Ali, ele será reunido com outros membros da trindade impura, o anticristo e o falso profeta. Na verdade, Apocalipse 20.11-15 também detalha um julgamento final da humanidade, e depois o céu e a terra serão destruídos. Muitas pessoas falam sobre o fim do mundo, chegando até a marcar datas para esse evento. A verdade é que esse momento será o fim deste mundo. Nenhum momento antes desse. Esse é o ensinamento verdadeiro e coerente da Palavra de Deus:

> A velha terra e o velho céu serão dissolvidos e serão substituídos por uma nova criação (Isaías 24.1-3,18b-23; 34.4; Salmos 102.25-28; 2Pedro 3.1-7,10-13; Mateus 24.25; Hebreus 12.26-29) (CALHEIROS, p. 62).

Deus criará um novo céu e uma nova terra (Apocalipse 21.1). O ambiente totalmente novo será perfeitamente apropriado para o Reino de Deus, que será eterno. Nunca mais haverá pecado nem contaminação nesse novo mundo. Essa será a moradia da justiça eterna.

Todavia, de acordo com a sua promessa, esperamos novos céus e nova terra, onde habita a justiça. (2Pedro 3.13)

O que acontecerá depois dessa guerra?

João, imediatamente após o fim da guerra e o aprisionamento de Satanás, viu o grande trono branco (20.11-15). Essa será a ocasião em que todas as pessoas perversas de todos os tempos aparecerão diante de Deus para serem julgadas de acordo com suas ações (20.13). "Assim, cada um de nós prestará contas de si mesmo a Deus" (Romanos 14.12). A Bíblia deixa claro que todos os descrentes estão "acumulando ira contra você[s] mesmo[s], para o dia da ira de Deus" (Romanos 2.5) e que "o homem está destinado a morrer uma só vez e depois disso enfrentar o juízo" (Hebreus 9.27).

A população que passará a vida eterna no lago de fogo será composta destes: Satanás, o anticristo, o falso profeta, todos os anjos caídos e todas as pessoas perversas que rejeitaram Cristo e seu Reino. A Bíblia chama a vida eterna no lago de fogo de "segunda morte".

Esse julgamento marcará o fim da história humana e o início do estado eterno. Quando João recebeu a profecia de Apocalipse, uma das últimas coisas que Jesus lhe disse foi: "Eis que venho em breve! A minha recompensa está comigo, e eu retribuirei a cada um de acordo com o que fez" (Apocalipse 22.12). Vários trechos nas Escrituras enumeram a lista de ações que marcam a vida do justo e as ações que brotam do pecado e da carne, e uma das mais próximas dessa que acabei de mencionar está em Apocalipse 21.6-8:

"A quem tiver sede, darei de beber gratuitamente da fonte da água da vida. O vencedor herdará tudo isto, e eu serei seu Deus, e ele será meu filho. Mas os covardes, os incrédulos, os depravados, os assassinos, os que cometem imoralidade sexual, os que praticam feitiçaria, os idólatras e todos os mentirosos — o lugar deles será no lago de fogo que arde com enxofre. Esta é a segunda morte".

A lista do que fazer e do que não fazer, não obstante, sempre tem a tendência de focar o que é errado.

Como se preparar para essa guerra

A única maneira de se preparar para esse período é ter certeza de que se está no lado certo, o lado da vitória. Os vitoriosos herdarão o Reino de Deus. Os vitoriosos são aqueles que escolhem acreditar em Deus, em seu Filho e em sua Palavra. Eles se submetem ao reino divino aqui e agora e tomam as decisões corretas durante sua vida na terra. Esses serão pessoas felizes para sempre, mas não porque estão em um conto de fadas. Essas profecias são verdadeiras e serão cumpridas porque a Palavra de Deus dura para sempre (Isaías 40.8; Mateus 24.35; 1Pedro 1.25).

Compare as seguintes passagens de Moisés e Jesus Cristo:

"O SENHOR, o seu Deus, levantará do meio de seus próprios irmãos um profeta como eu; ouçam-no. Pois foi isso que pediram ao SENHOR, o seu Deus, em Horebe, no dia em que se reuniram, quando disseram: 'Não queremos ouvir a voz do SENHOR, do nosso Deus, nem ver o seu grande fogo, senão morreremos!'

"O Senhor me disse: 'Eles têm razão! Levantarei do meio dos seus irmãos um profeta como você; porei minhas palavras na sua boca, e ele dirá a vocês tudo o que eu lhe ordenar. Se alguém não ouvir as minhas palavras, que o profeta falará em meu nome, eu mesmo lhe pedirei contas. Mas o profeta que ousar falar em meu nome alguma

A PRÓXIMA JOGADA

coisa que não lhe ordenei, ou que falar em nome de outros deuses, terá que ser morto' " (Deuteronômio 18.15-20).

"O Pai ama o Filho e entregou tudo em suas mãos. Quem crê no Filho tem a vida eterna; já quem rejeita o Filho não verá a vida, mas a ira de Deus permanece sobre ele" (João 3.35,36).

As principais distinções entre as duas batalhas Gogue e Magogue

Primeira guerra — as nações do círculo exterior invadem Israel (Ezequiel 38—39)

Gogue de Magogue reúne as nações para a guerra. Os exércitos virão de algumas poucas nações e formarão uma coalizão contra Israel.

Deus destruirá os inimigos de Israel nos montes de Israel usando poderosos elementos da natureza, incluindo terremoto, chuvas e granizo. Serão necessários sete meses para enterrar os mortos (39.11,12). Satanás não é mencionado em relação a essa guerra.

Essa guerra acontecerá durante um período em que Israel estará vivendo pacificamente.

Satanás será aprisionado por um poderoso anjo e lançado no Abismo por mil anos. O momento dessa guerra é claro. Ela acontecerá no final da tribulação e logo antes do milênio.

Segunda guerra — a guerra final de Gogue e Magogue (Apocalipse 20.7-9)

Satanás reúne as nações para a guerra. Os exércitos vêm dos quatro cantos do mundo.

Deus enviará fogo do céu e destruirá instantaneamente os exércitos.

Não há menção do sepultamento dos mortos.

Essa guerra acontecerá no final do milênio.

Satanás é julgado e lançado no lago de fogo por toda a eternidade.

8

AS INSTRUÇÕES BÍBLICAS PARA A NAÇÃO DE ISRAEL

"Como o leão e a leoa
eles se abaixam e se deitam,
quem ousará despertá-los?
Sejam abençoados
os que os abençoarem,
e amaldiçoados
os que os amaldiçoarem!" (Números 24.9).

Incluí ao longo deste livro muitas profecias em que as instruções são dadas a Israel pelos profetas em relação às guerras que virão. Deus queria ter certeza de que seu povo se certificasse de algumas coisas importantes.

Primeiro, Israel tem de se certificar de que a aliança de Deus com Abraão, Isaque e Jacó, seus ancestrais, ainda é válida para ele hoje. Deus cumprirá as promessas que fez a seu povo. Apesar das profecias de guerra, Deus revela seu cuidado, proteção, amor e compromisso de fidelidade para com Israel.

> *Abrão prostrou-se com o rosto em terra, e Deus lhe disse: "De minha parte, esta é a minha aliança com você. Você será o pai de muitas nações. Não será mais chamado Abrão; seu nome será Abraão, porque eu o constituí pai de muitas nações. Eu o tornarei extremamente prolífero; de você farei nações e de você procederão reis. Estabelecerei a minha aliança como aliança eterna entre mim e você e os seus futuros descendentes, para ser o seu Deus e o Deus dos seus descendentes. Toda a terra de Canaã, onde agora você é estrangeiro, darei como propriedade perpétua a você e a seus descendentes; e serei o Deus deles".* (Gênesis 17.3-8)

Gosto da forma em que Deus pode soar tão radical em alguns momentos. O Senhor, em sua aliança com Israel, afirma claramente que essa aliança era eterna, para todos os descendentes de Abraão, de geração a geração. Ele repete a mesma promessa mais tarde a Isaque (Gênesis 17.18,19) e a Josué (Josué 1.4), entre outros.

> *"Ele se lembra **para sempre** da sua **aliança**,*
> *por mil gerações, da palavra que **ordenou**,*
> *da **aliança** que fez com Abraão,*
> *do **juramento que fez** a Isaque.*
> *Ele o confirmou como **decreto** a Jacó,*
> *a Israel como **aliança eterna**,*
> *quando disse:*
> *'Darei a você a terra de Canaã,*
> *a herança que lhe pertence'"* (Salmos 105.8-11)

AS INSTRUÇÕES BÍBLICAS PARA A NAÇÃO DE ISRAEL

Ouvi e li muitos argumentos de pessoas de todas as áreas da sociedade dizendo que Israel já não tem mais direito a partes de seu território na terra que biblicamente lhe foi designada. A noção de posse ou propriedade da terra não é compartilhada universalmente pelas nações e culturas, mas a maioria do mundo fundamentaria suas reivindicações a certos territórios por intermédio da conquista militar ou acordos feitos no passado. Na corte da opinião pública, muitos podem sugerir que Israel deveria ficar contente e feliz com o que possui atualmente. Algumas nações refutam que Israel tem o direito de ser soberano sobre o território que conquistou por meio de algumas das guerras desde 1948. Contudo, a Palavra de Deus promete um território, "toda a terra de Canaã", aos descendentes de Abraão como "propriedade perpétua". Talvez Jerusalém e o monte do templo sejam os exemplos mais importantes dessa reivindicação contestada. Qual é a resolução desse conflito? Será que a resposta para Israel envolverá diplomacia, armamentos ou persuasão da comunidade internacional de sua reivindicação por mais terra por intermédio dessas disputas contínuas e intermináveis?

Israel deve confiar e esperar em Deus e avançar na direção da promessa do Senhor da forma mais pacífica possível. O profeta Isaías parece ter entendido que todo o território retornaria totalmente para Israel apenas durante o Reino do Messias, depois, portanto, da Batalha de Armagedom.

> Naquele dia este cântico será entoado em Judá:
> Temos uma cidade forte;
> Deus estabelece a salvação
>   como muros e trincheiras.
> Abram as portas para que entre
>   a nação justa,
> a nação que se mantém fiel.

*Tu, SENHOR, guardarás em perfeita paz
aquele cujo propósito está firme,
porque em ti confia.
Confiem para sempre no SENHOR,
pois o SENHOR, somente o SENHOR,
é a Rocha eterna.* [...]
*rebaixa e arrasa a cidade altiva
e a lança ao pó.* [...]
*tornas suave o caminho do justo.
Andando pelo caminho
das tuas ordenanças
esperamos em ti, SENHOR.
O teu nome e a tua lembrança
são o desejo do nosso coração.
A minha alma suspira por ti
durante a noite;
e logo cedo o meu espírito por ti anseia,
pois, quando se veem na terra
as tuas ordenanças,
os habitantes do mundo aprendem justiça.* [...]
*Ó SENHOR, ó nosso Deus,
outros senhores além de ti
nos têm dominado,
mas só ao teu nome honramos.* [...]
**Fizeste crescer a nação, SENHOR;
sim, fizeste crescer a nação.
De glória te revestiste;
alargaste todas as fronteiras
da nossa terra.** (Isaías 26.1-5,7-9,13,15)

Alguns territórios foram retirados de Israel para propósitos disciplinares, conforme exemplificam as seguintes passagens bíblicas:

AS INSTRUÇÕES BÍBLICAS PARA A NAÇÃO DE ISRAEL

Entretanto, Jeú não se preocupou em obedecer de todo o coração à lei do SENHOR, Deus de Israel, nem se afastou dos pecados que Jeroboão levara Israel a cometer.

Naqueles dias, o SENHOR começou a reduzir o tamanho de Israel (2Reis 10.31,32).

O território que de início pertencia a Israel foi reduzido nessa época pelo próprio Deus por causa dos pecados do rei Jeú, mas Israel pode ter certeza absoluta de que todo o terreno prometido por Deus retornará para essa nação durante o Reino do Messias. Todas as nações serão chamadas a Jerusalém e terão de prestar contas ao Senhor, quando serão julgadas por terem espalhado o povo judeu por todo o mundo e dividido seu território.

"Sim, naqueles dias e naquele tempo,
quando eu restaurar a sorte
de Judá e de Jerusalém,
reunirei todos os povos
e os farei descer ao vale de Josafá.
Ali os julgarei
por causa da minha herança
— Israel, o meu povo —,
pois o espalharam
entre as nações
*e **repartiram entre si a minha terra**."* (Joel 3.1,2)

Não fique ansioso, Israel! O Reino de Deus ainda será estabelecido em sua terra. Não foi só por causa de Abraão que essa aliança foi feita com você. Foi por causa de Deus e seu Reino, para que o mundo todo veja sua glória. Isso não diz respeito apenas a Israel.

> *"Por isso, diga à nação de Israel: Assim diz o Soberano, o SENHOR: Não é por sua causa, ó nação de Israel, que farei essas coisas* [restaurar a terra e abençoar a terra; versículos 6-15], *mas por causa do meu santo nome, que vocês profanaram entre as nações para onde foram. Mostrarei a santidade do meu santo nome, que foi profanado entre as nações, o nome que vocês profanaram no meio delas. Então as nações saberão que eu sou o SENHOR, palavra do Soberano, o SENHOR, quando eu me mostrar santo por meio de vocês diante dos olhos delas.*
>
> *"Pois eu os tirarei dentre as nações, os ajuntarei do meio de todas as terras e os trarei de volta para a sua própria terra.* [...] *Então vocês se lembrarão dos seus caminhos maus e das suas ações ímpias, e terão nojo de si mesmos por causa das suas iniquidades e das suas práticas repugnantes. Quero que saibam que não estou fazendo isso por causa de vocês. Palavra do Soberano, o SENHOR. Envergonhem-se e humilhem-se por causa de sua conduta, ó nação de Israel!"* (Ezequiel 36.22-24,31,32)

O maior foco de Israel agora deve ser arrepender-se e voltar para Deus. A nação deve ser justa, proclamar a lei de Deus, o amor de Deus e o amor ao próximo. "Ame o seu próximo" ainda faz parte do mandamento de Deus para Israel.

Segundo, Israel precisa ter certeza de que Deus, da mesma forma que um pai disciplina um filho, disciplinará seu filho Israel. Aceite a disciplina de forma humilde, responsável e com arrependimento. Obedeça à Palavra e a todas as instruções de Deus dadas pelos profetas e escritores da Bíblia. Ouça as palavras do Messias.

> *"Se o meu povo, que se chama pelo meu nome, se humilhar e orar, buscar a minha face e se afastar dos seus maus caminhos, dos céus o ouvirei, perdoarei o seu pecado e curarei a sua terra.* [...] *Mas, se vocês se afastarem de mim e abandonarem os decretos e os mandamentos*

AS INSTRUÇÕES BÍBLICAS PARA A NAÇÃO DE ISRAEL

que dei a vocês [...], *desarraigarei Israel da minha terra, que dei a vocês.*" (2Crônicas 7.14,19,20)

Terceiro, Israel precisa ter certeza de que Deus punirá todas as nações que se levantarem contra ele e que o amaldiçoarem. Além disso, Deus dará vitória a seu povo. Seu nome, seu poder e seu braço estendido farão isso. Confie nele, Israel!

"*Juro pela minha vida, palavra do Soberano, o* SENHOR, *que dominarei sobre vocês com mão poderosa e braço forte e com ira que já transbordou. Trarei vocês dentre as nações e os ajuntarei dentre as terras para onde vocês foram espalhados, com mão poderosa e braço forte e com ira que já transbordou.*" (Ezequiel 20.33,34)

9

AS INSTRUÇÕES BÍBLICAS PARA AS NAÇÕES DA TERRA

Por isso, ó reis, sejam prudentes;
aceitem a advertência, autoridades da terra.
*Adorem o S*ENHOR *com temor;*
exultem com tremor.
Beijem o filho, para que ele não se ire
* e vocês não sejam destruídos de repente,*
pois num instante acende-se a sua ira.
* Como são felizes todos os que nele se refugiam!* (Salmos 2.10-12)

  Esse salmo foi escrito para uma população muito específica, os reis da terra. Deus conhece as meditações da nossa mente e do nosso coração. Deus conhece todas as conspirações, ações ou afirmações sacrílegas e o apreço ou desdém pela autoridade que ele deu, quer isso aconteça em público, quer em particular, quer em sigilo secretíssimo. Seremos julgados em relação à nossa atitude diante do Senhor, de seu Messias, Jesus Cristo, e de Israel, Sião.

Reis e líderes das nações, Deus ri das conspirações dos homens contra seu povo. Seu Rei dos reis já está destinado a vir e reinar de Sião. Deus, não obstante, é tão misericordioso e gracioso que ainda dá uma chance aos reis da terra (v. 10-12). E essa é uma oportunidade para se tornar sábio, temer e servir ao Senhor, e submeter-se a ele. "Beijem o filho" significa submeter-se a Jesus Cristo como Rei sobre todos os reis. O salmo termina com uma forte nota de favor: "Como são felizes todos os que nele se refugiam!".

Embora essa seja uma profecia, Deus pode mudar seu resultado. Toda profecia é dada com a intenção de levar as pessoas ao arrependimento. Repito aqui esta passagem de esperança que mostra a misericórdia e o favor de Deus para com aqueles que o buscam e se arrependem de seus atos maus:

Rasguem o coração e não as vestes.
Voltem-se para o Senhor,
o seu Deus,
pois ele é misericordioso e compassivo,
muito paciente e cheio de amor;
arrepende-se e não envia a desgraça.
Talvez ele volte atrás, arrependa-se,
e ao passar deixe uma bênção. (Joel 2.13,14a)

Nações da terra, saibam que o arrependimento e a humildade são sempre a forma de voltar a se aproximar de Deus. Ele está pronto para reconciliar o mundo consigo mesmo. Enquanto ainda há tempo, cheguem a uma concordância com o Rei dos reis. Parem de apostar com a terra e o povo que lhes foi confiado; permitam que ele ensine a vocês como administrar com justiça, verdade e amor verdadeiros. Saibam que o último dado, conforme revelam as profecias, será jogado pelo Senhor todo-poderoso. Nesse jogo das nações, as profecias de Deus são regras verdadeiras e reais.

10

AS INSTRUÇÕES BÍBLICAS PARA A IGREJA

A Igreja tem um papel privilegiado na terra durante esse período chamado pela Bíblia de "o ano da bondade do Senhor" (Isaías 61.2). Quando esse período de graça terminar, o período da tribulação ou o tempo da angústia de Jacó terá início, e as guerras discutidas neste livro serão travadas.

A Igreja será tirada da terra por Cristo, por meio de dois eventos que devem acontecer no mesmo dia, e até no mesmo segundo, em um piscar de olho. No primeiro evento, aqueles que estavam dormindo em Cristo — ou seja, aqueles que agora estão mortos e creram em Jesus Cristo para sua salvação — serão ressuscitados dentre os mortos. No segundo evento, todos aqueles que estiverem vivos nessa época serão levados por Cristo no arrebatamento. Esses dois grupos de pessoas se reunirão com Jesus Cristo no ar e, desse momento em diante, estarão para sempre com ele. Esses dois grupos juntos formam a Igreja de Jesus Cristo. O apóstolo Paulo recebeu uma revelação poderosa sobre aquele dia.

Irmãos, não queremos que vocês sejam ignorantes quanto aos que dormem, para que não se entristeçam como os outros que não têm esperança. Se cremos que Jesus morreu e ressurgiu, cremos também que Deus trará, mediante Jesus e com ele, aqueles que nele dormiram. Dizemos a vocês, pela palavra do Senhor, que nós, os que estivermos vivos, os que ficarmos até a vinda do Senhor, certamente não precederemos os que dormem. Pois, dada a ordem, com a voz do arcanjo e o ressoar da trombeta de Deus, o próprio Senhor descerá dos céus, e os mortos em Cristo ressuscitarão primeiro. Depois nós, os que estivermos vivos, seremos arrebatados com eles nas nuvens, para o encontro com o Senhor nos ares. E assim estaremos com o Senhor para sempre. Consolem-se uns aos outros com essas palavras. (1Tessalonicenses 4.13-18)

Eis que eu digo um mistério: Nem todos dormiremos, mas todos seremos transformados, num momento, num abrir e fechar de olhos, ao som da última trombeta. Pois a trombeta soará, os mortos ressuscitarão incorruptíveis e nós seremos transformados. (1Coríntios 15.51,52)

Isso representa o que a Igreja tem de fazer, e tem de fazer agora, durante o tempo do favor de Deus. A Igreja é chamada para ser a embaixada do Reino de Deus na terra. Paulo disse:

Ou seja, que Deus em Cristo estava reconciliando consigo o mundo, não levando em conta os pecados dos homens, e nos confiou a mensagem da reconciliação. Portanto, somos embaixadores de Cristo, como se Deus estivesse fazendo o seu apelo por nosso intermédio. Por amor a Cristo suplicamos: Reconciliem-se com Deus. Deus tornou pecado por nós aquele que não tinha pecado, para que nele nos tornássemos justiça de Deus. (2Coríntios 5.19-21)

AS INSTRUÇÕES BÍBLICAS PARA A IGREJA

A palavra de reconciliação e a missão de ser embaixadora foram designadas à Igreja. A Igreja deste século, em especial, tem uma grande responsabilidade de permanecer fiel às ordens de Cristo e à sua Palavra.

Parem de pregar a doutrina sem sentido e insana que comprometem as missões e a fundação da Igreja, como o evangelho da prosperidade. Esse tipo de mensagem impede que o mundo tenha um encontro com o Deus vivo. Os últimos dias estão próximos ou podem já ter até chegado. As dores de parto já tiveram início.

É hora de pregar o evangelho, orar por Israel e pelas nações, amar uns aos outros, amar o próximo, ir até os confins da terra e cumprir o mandamento de Cristo (Mateus 28.18-20; Marcos 16.15).

Jesus lhes disse: "Vocês nunca leram isto nas Escrituras?

" 'A pedra que os construtores rejeitaram
tornou-se a pedra angular;
isso vem do Senhor,
e é algo maravilhoso
para nós'.

"Portanto, eu digo que o Reino de Deus será tirado de vocês e será dado a um povo que dê os frutos do Reino". (Mateus 21.42,43)

Igreja, é hora de compreender seu destino. Você recebeu uma missão honrosa e nobre. Você é formada pelo povo a quem Cristo confiou a tarefa de produzir agora o fruto correto para Deus. Sua Palavra promete que você produz frutos quando permanece nele (João 15.5). O tempo para essa "figueira" permanecer na terra está chegando ao fim.

Pastores, líderes de igrejas e missionários no mundo todo, preguem a Palavra de Deus, como Paulo incumbiu o jovem Timóteo a fazer:

A PRÓXIMA JOGADA

Na presença de Deus e de Cristo Jesus, que há de julgar os vivos e os mortos por sua manifestação e por seu Reino, eu o exorto solenemente: Pregue a palavra, esteja preparado a tempo e fora de tempo, repreenda, corrija, exorte com toda a paciência e doutrina. Pois virá o tempo em que não suportarão a sã doutrina; ao contrário, sentindo coceira nos ouvidos, juntarão mestres para si mesmos, segundo os seus próprios desejos (2Timóteo 4.1-3).

Parem de ser "politicamente corretos" e comecem a ser "profeticamente corretos"!

11

A PAZ MUNDIAL ESTÁ NO NOSSO FUTURO

A paz mundial, conforme mencionei na introdução deste livro, é um desejo nobre e em consonância com a vontade de Deus. O Senhor tem um plano para a paz, e sua promessa é que chegará o momento tão esperado dessa paz. Após a Batalha de Armagedom, o Senhor Jesus Cristo, o Rei dos reis, estabelecerá a paz na terra.

Por fim, retornamos ao ponto ou questão que ironicamente está no cerne deste livro sobre guerras. Será que verdadeiramente existirá um período em que não haverá mais guerras nem ameaças de guerras? Será que a paz mundial é de fato possível?

Podemos dizer com um coração cheio de gratidão, inspiração e alegria que a resposta é afirmativa, um grande SIM! A paz mundial está no nosso futuro! Essas guerras, embora venham a acontecer na terra, terão como consequência final o estabelecimento do Reino de Deus. Isso acontecerá depois da Batalha de Armagedom. Essas são as notícias maravilhosas!

O profeta Daniel anteviu a vinda do reino eterno:

> *"Na época desses reis, o Deus dos céus estabelecerá um reino que jamais será destruído e que nunca será dominado por nenhum outro povo. Destruirá todos os reinos daqueles reis e os exterminará, mas esse reino durará para sempre. Esse é o significado da visão da pedra que se soltou de uma montanha, sem auxílio de mãos, pedra que esmigalhou o ferro, o bronze, o barro, a prata e o ouro.*
> *"O Deus poderoso mostrou ao rei o que acontecerá no futuro. O sonho é verdadeiro, e a interpretação é fiel."* (Daniel 2.44,45)

Todas as nações da terra saberão que o reino pertence a Cristo. E ele, portanto, estabelecerá as regras verdadeiras para a justiça e a paz na terra. Todos os homens e mulheres de boa vontade que desejarem fazer parte desse reino têm de entrar através da porta estabelecida por Deus e depositar sua fé no Messias de Israel, Jesus Cristo.

> *Respondeu Jesus: "Eu sou o caminho, a verdade e a vida. Ninguém vem ao Pai, a não ser por mim."* (João 14.6)

O REINO MILENAR DE CRISTO (APOCALIPSE 11.15; 12.10; 20.4-6)

O que acontecerá durante o milênio de paz na terra?

Acontecerá uma renovação maciça e importante da terra logo após a Batalha de Armagedom. A terra, depois de toda a destruição que a assolou, terá de ser restaurada. Cristo reinará em um planeta belo e renovado (Isaías 2.1-5; Miqueias 4.1-5). Não haverá mais guerras (Isaías 2.1-5; Miqueias 4.1-5).

Israel também passará por uma renovação importante e maciça:

- *Os judeus retornarão dos quatro cantos da terra (Ezequiel 37.22-28).*
- *Cristo unirá o país como um (Zacarias 8.14-20).*
- *Cristo será seu pastor (Zacarias 8.3,7,8).*

A PAZ MUNDIAL ESTÁ NO NOSSO FUTURO

- *Casas novas serão construídas em todo o mundo* (Isaías 65.21,22).
- *A natureza dos animais será transformada* (Isaías 11.9).
- *O conhecimento do Senhor cobrirá toda a terra como as águas cobrem o mar* (Isaías 11.9; 65.24-26; Oseias 2.18-23).
- *Haverá paz e segurança* (Oseias 2.18).
- *A justiça real em favor do pobre estará em operação. Governantes e ministros fiéis do Rei Cristo ensinarão essas leis por todo o mundo* (Isaías 11.4,5; 26.7-9). (CALHEIROS, p. 59)

A cidade de Jerusalém se tornará por fim a capital eterna de Israel, e o Rei Cristo reinará de lá sobre todo o mundo:

- Jerusalém receberá novos nomes: "Hefzibá", meu deleite nela (Isaías 62.4); "Beulá", desposada (Isaías 62.4); "procurada"; "cidade não abandonada" (Isaías 62.12); "Cidade da Verdade" (Zacarias 8.3); e "O SENHOR ESTÁ AQUI" (Ezequiel 48.35).
- Haverá paz sem precedentes em Israel.
- Cristo, de seu trono em Jerusalém, julgará as nações e os povos. Ele viverá ali e será a luz para as nações (Isaías 2.1-5; Miqueias 4.1-5; Zacarias 2.10,12,13; 8.3).
- Jerusalém será um glorioso lugar de descanso (Isaías 11.10-16).[1]

Naquele dia, as nações buscarão a Raiz de Jessé, que será como uma bandeira para os povos, e o seu lugar de descanso será glorioso. (Isaías 11.10)

Esse será o dia em que o jogo de guerras entre as nações findará, porque o Rei da Paz estará vivendo no nosso meio e, por fim, haverá paz real e eterna para a nova terra.

---

[1] Para informações mais detalhadas, veja a tabela sobre o Reino Milenar de Cristo em meu livro **The Apocalypse Decoded** [O Apocalipse decodificado].

REFERÊNCIAS BIBLIOGRÁFICAS

Bernis, Jonathan. **A Rabbi Looks at the Last Days:** Surprising Insights (e-book). Chosen Books, 2013.

Calheiros, Izes. **The Apocalypse Decoded**. Bedford: Burkhart Books, 2015.

File, Debka. Postagem no Twitter, retuitado por Israel News (@IsraelNewsNow), 13 de setembro de 2015, <http://twitter.com/IsraelNewsNow>.

Freedman, David Noel; Myers, Allen C. **Eerdmans Dictionary of the Bible**. Amsterdam University Press, 2000.

Genesius, Friedrich Wilhelm. Magog, **Genesius' Hebrew and Chaldee Lexicon**. Baker Book House, 1979.

Hartell, J. Edwin. **Biblical Hermeneutics**. Grand Rapids: Zondervan Publishing House, 1947.

Henry, Matthew. Micah, **Matthew Henry's Commentary on the Whole Bible**.

Jeffrey, Grant R. **Armageddon:** Appointment with Destiny. WaterBrook Press, 1997.

Jeremiah, David. The Principle of Double Fulfillment in Interpreting Prophecy, **Grace Journal** 13, 13 de fevereiro. <http://biblicalstudies.org.uk/pdf/grace-journal>.

Kreeft, Peter. **Fundamentals of the Faith:** Essays in Christian Apologetics (e-book). Ignatious Press, 1988.

McGee, J. V. The Assyrian, **Thru the Bible Commentary** (edição eletrônica). Nashville: Thomas Nelson, 1997, c1981.

Pitard, Wayne T. "Arameans", **Eerdmans Dictionary of the Bible**, ed. David Noel Freedman, Allen C. Myers, Astrid B. Neck. Wm. B. Eerdmans Publishing Co., 2006.

Rogin, John. America's Allies are Funding Isis, **The Daily Beast**, 14 de junho de 2014. <www.yahoo.com/news>.

Rosenberg, Joel C. What is the "War of Gog and Magog?", **Flashtrafficblog**, 10 de maio de 2011. <https://flashtrafficblog.wordpress.com>.

Salus, Bill. **Psalm 83:** The Missing Prophecy Revealed. Highway, Crane. Missouri. 2013.

The Nations Online Project. Damascus, <www.nationsonline.org>, 2012.